《考古学家夏鼐·影像辑》编辑组

考古学家
夏鼐 影像辑

Chinese Archaeologist
Xia Nai's Life Memorial Album

中国社会科学出版社

图书在版编目(CIP)数据

考古学家夏鼐·影像集/《考古学家夏鼐·影像集》编辑组编写.—北京：中国社会科学出版社.2011.1
ISBN 978-7-5004-9303-7

Ⅰ.①考… Ⅱ.①考… Ⅲ.①夏鼐—生平事迹—图集 Ⅳ.①E825.81

中国版本图书馆CIP数据核字（2010）第217852号

责任编辑　李是
责任校对　郭娟
封面设计　柒吾视觉
技术编辑　李建

出版发行　中国社会科学出版社
社　　址　北京鼓楼西大街甲158号　　　邮编　100720
电　　话　010-84029450
网　　址　http://www.csspw.cn
经　　销　新华书店
印刷装订　北京一二零一印刷厂
版　　次　2011年1月第1版　　　　　　印次　2011年1月第1次印刷
开　　本　889×1194　1/16
印　　张　12.5
定　　价　150.00元

凡购买中国社会科学出版社图书，如有质量问题请与本社发行部联系调换

版权所有　　侵权必究

目录

(一) 温邑山水　哺育成长 — *003*

(二) 燕京清华　初露风华 — *017*

(三) 负笈海外　立身考古 — *031*

(四) 西北考察　成果斐然 — *053*

(五) 运筹帷幄　统领全局 — *071*

(六) 国际交往　誉满四海 — *111*

(七) 温馨家庭　情系桑梓 — *149*

(八) 献身事业　风范长存 — *171*

夏鼐年表 — *188*

编后记 — *194*

夏鼐是中国考古学界的一代大师，中国现代考古学的奠基人之一。1910年生于浙江温州。先后在燕京大学与清华大学学习，1934年毕业于清华大学历史系。1935—1939年在英国伦敦大学考古学院学习，后获博士学位。1941年回国后，历任中央博物院筹备处专门设计委员，中央研究院历史语言研究所副研究员、研究员等职（1947年6月至1948年8月，曾代理中央研究院历史语言研究所所务）。1950年中国科学院成立后，夏鼐作为全国考古工作的主要指导者和组织者，历任考古研究所副所长、所长，哲学社会科学部学部委员等职。1982年后，任中国社会科学院副院长兼考古研究所名誉所长，又任中国考古学会理事长、国家文物委员会主任委员等职。夏鼐主持国家考古研究机构三十余年，致力于新中国考古队伍的建设和实事求是优良学风的形成，国家考古研究发展规划的制定和田野考古水平的提高，自然科学方法的应用和多学科研究的协调，以及考古学界的对外学术交流，从而极大地推进中国考古学的全面发展。他学识渊博，治学谨严，在中国史前考古学和历史考古学的许多方面，都曾作过深入的研究，作出了重要的贡献。曾获英国学术院、美国全国科学院等外国最高学术机构授予的通讯院士（外籍院士）荣誉称号。1959年加入中国共产党。1959年起，先后当选为第二届至第六届全国人民代表大会代表。

(1910—1985)

瑞安周田村夏氏宗祠

夏日盛店铺旧址

夏氏家塾

仓桥街故居

籀园图书馆

光华大学附中

光华大学附中的银质奖章

1

考古学家夏鼐·影像辑 一

温邑山水 哺育成长

- 瑞安周田村夏氏宗祠
- 夏日盛店铺旧址
- 夏氏家塾
- 仓桥街故居
- 籀园图书馆
- 光华大学附中
- 光华大学附中的银质奖章

温邑山水 哺育成长

　　夏氏家族的先祖来自浙江温州府泰顺县百丈口村，其中一支世居瑞安县城附近白岩桥（又名"白岩里"）的仪凤坊。夏鼐的祖父夏敬亭于清代咸丰年间，只身来到温州府城（永嘉县）创业，经营自产自销的丝线商号，成为富商。

　　夏鼐，字作铭，曾用名夏国栋，生于宣统元年十二月二十七日（公元1910年2月7日）。他在温州城里度过了童年和少年时光，四周岁不到，即与堂兄弟一起入家塾读书。少年夏鼐就表现出好读书、善思考的天性，课余时间要么在家里，要么到图书馆勤奋地阅读，偶尔也会与小朋友在操场开心地踢一场"小足球"。他的学习成绩，从小学到初中都在年级前列。从现存的旧作文簿中，可以看到当年他那虽稚嫩却通畅的文笔，同时还能感受到他关心时事的青春脉动。故乡温州作为浙南的商业文化中心，物产丰富，手工业发达，传统文化具有悠长深厚的历史；同时温州又是对外开放较早的商埠之一，代表西方文明的基督教教堂、西式医院、学校等近代事物也进入了当地；五四运动的进步思潮兴起，各种进步书刊在青少年学生中传播，这些都对夏鼐的思想产生了深刻影响。因此，夏鼐从小眼界就比较开阔，加之勤奋好学，少年时代即为其一生的事业打下了坚实的文化和思想基础。

1.1 ▲
温州市区瓯江中流的江心屿

温州在中国东南沿海的浙江南部。浙江省第二大河瓯江流经温州市区北侧，然后注入东海，经年通航海轮，交通十分便利。位于瓯江中流的江心屿，岛上的两座古塔——西塔（左）和东塔（右），分别始建于唐代和宋代。夏鼐的出生地及故居即位于隔江对岸不远的主城区街道上（温州鹿城区解放路后巷及仓桥街120号）。

1.2 ◀
瑞安周田村村口百年榕树

夏氏家族的远祖居住在浙江温州府泰顺县百丈口村（今温州市泰顺县百丈镇），清初迁至瑞安县周田村，并世居附近之白岩桥（又名"白岩里"）的仪凤坊。
图为周田村口的古榕树，根深叶茂，浓荫遮地，已有二三百年树龄。

（一）温邑山水 哺育成长

1.3 ◀
瑞安周田村夏氏宗祠

图为夏鼐祖居地瑞安市莘塍镇周田村的夏氏宗祠。目前，周围村镇仍聚居着数千夏氏族人后裔。

1.4 ▶
夏鼐祖父母照片

夏鼐的祖父承贤公、字敬亭(1834~1916)，祖母谢氏(1845~1910)。承贤公在清咸丰年间，约18岁时只身到温州府城学习丝线技艺，克勤克俭，后创设"夏日盛"丝号于墨池坊口，又迁至厝库司前开"夏日盛丝线店"。当时温州富商有所谓"二盛三顺"之称，"夏日盛"是其中之一。

1.5 ▶
夏日盛店铺旧址

"夏日盛丝线店"属前店后厂的商铺，位于繁华的温州北大街（今解放南路）路西。该店在夏氏家族分家后由夏鼐的二伯父继承，经营至1956年"公私合营"时。现商铺旧址尚在，前脸仍为临街商铺，只是已经整修一新。右侧后方即为夏鼐出生的"四房"老屋。门左侧的店铺原为一广东籍人开的"广发源"店，系夏鼐少年时常去玩耍的地方。夏鼐回忆，最早阅读的《三国演义》和《诚报》（英文画报）等书刊即是该店之物。他也去收集该店招待客户的香烟包装中的"洋画"和废弃的旧铜钱，并以此为乐。

1.6 ◀
出生地老屋

图为夏鼐祖父一支夏氏家族聚居之地，位于温州市内厝库司（今解放路后巷）。夏鼐于1910年2月7日生于此房子的楼上。至1922年举家迁至仓桥街新居以前，夏鼐在此老屋度过童年及小学时代。留学英国的夏鼐，在1936年写给姐姐的一封信中，深情地回忆到："……犹忆姊在闺时，以簪花格录金陵十二钗诗，弟时无知，亦手一卷小说，依姊之旁埝伴读。临河之窗，虽不如何雅洁，而河畔清风，拂窗而入，轻翻书叶，亦极有佳趣。而河畔小室，前通小街修墙，夏季最凉，姊弟常聚其间共读。此情此景，仿佛若昨……"屋前小路原是一条可通航的小河，后填河成路。
摄于2008年。

1.7 ▶
夏鼐父母亲在庭院中

夏鼐的父亲夏文甫，字禹彝（1876～1944），在家族中行四，幼年时即入"严日顺"瓯绸坊为徒，后自行开设瓯绸坊，善治生业，日益殷富。他性情和蔼，笃于教子。先在家中设一书塾，后见新式学校成效颇佳，乃遣子入学。69岁高龄时，携全家避难桐岭，积劳成疾，突患中风，即遭不治。当时的夏鼐正在千里之外的敦煌考古发掘，一年以后返家时始知父已病故。父亲临终未能尽孝，令夏鼐内心无比悲恸，抱憾终生。

夏鼐的母亲丁氏（1874～1950），温州慈湖东庄人，为家中独生女。丁氏性情严肃而拙于言辞，勤俭持家，为贤内助，晚年尤喜佛。夏鼐父亲去世后，由丁氏主持家务，一直到1946年夏鼐返家时主持分家。丁氏于1950年初夏去世。
照片为夏鼐1942年留学回国返乡时所摄。

（一）温邑山水 哺育成长

1.8 ◀
夏氏家塾旧址

1914年，夏文甫把夏氏几房的适龄儿童聚在一起，请来汤姓塾师，在"六房"家的阁楼上开设家塾。据夏鼐回忆，年方四周岁，随大姐夏鸾（长夏鼐六岁）一起入家塾。上课时，幼小的夏鼐常被塾师抱在膝上。

1.9 ◀
瓦市巷小学老教舍

1919年，夏鼐由家塾进入瓦市巷小学（后改为康乐小学，今瓦市小学）学习，此时他已认识不少汉字。是年，五四运动在北京发生并影响到其他一些城市，温州街上亦有中学生结队游行，劝导商民罢市，散发"抵制日货"传单。据夏鼐回忆，因年幼，对"抵制"二字尚不理解。

1.10 ▶
仓桥街故居

1922年，夏文甫举家迁至仓桥街居住，为所购旧屋改建而成。这是一处独立门户的庭院，主体为一中西合璧的二层小楼，坐北朝南，前有庭院，后有水井及花园。东侧为夏鼐哥哥一家所住。夏鼐1928年结婚后即住在一楼的西侧套间内（照片中的一层中间为"堂房"，原为家庭会客、吃年饭的公共场所，现房间为后期搭盖）。1952年，夏鼐举家迁往北京后，该处遂成为政府机关的宿舍，1958年，实行"私房"改造时，夏鼐将自己名下的房产，全部主动交公。2000年此房由温州市人民政府列为市级"文物保护单位"加以保护，现正进行修缮，恢复原貌后，将作为"夏鼐故居"对外开放。

1.11 ▲
夏家老屋后院水井

旧时温州城内多水井，图为夏家老屋后院内的自用井。即使逢大旱之年，该井之水仍能保持充盈。现仍出水且可饮用，水质清洌爽口。

1.13 ▼
仓桥街故居临街巷口

图中白色小门即为通往故居的小巷入口，故居位于临街店铺的后方。巷口门楼的门楣处原有"夏里"两字的石刻匾额，由夏鼐集汉碑隶书并摹写。今该匾额已不知去向，据推测可能尚在门楣的石灰掩盖之下。

1.12 ◀
老屋家中所用书桌

夏鼐自幼酷爱读书学习，一直就在这张书桌上看书写字。1952年迁京时，因不便搬运，把书桌和其他家具一起遣散，书桌有幸流落到亲友家，保存至今。

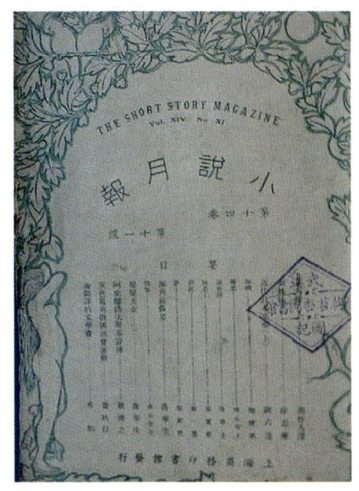

1.14
《儿童世界》、《小说月报》

1920年夏鼐考入府前街省立第十师范学校附属小学（"十师"后与温州省立第十中学合并），读春季三年级。是年开始阅读小说。读春季四年级时，因学习成绩名列前茅，被选为级长。后又任"儿童自治会"图书馆主任，得以时常与图书接触，初喜欢阅读上海商务印书馆出版的童话及《儿童世界》，后来兴趣移至小说，更由"旧小说"而"新小说"，阅"文学研究会"的新小说及《小说月报》，开始对"新文学"发生兴趣。

1.15
陈独秀主编的《新青年》和鲁迅著作《呐喊》

当年温州省立第十中学初中部的国文老师周予同先生曾为同学选读陈独秀的《新青年》杂志发刊词。夏鼐还请父亲去上海时，特地购回鲁迅的名作《呐喊》。

1.16 ▶
夏鼐小学日记

夏鼐保存的小学日记残页，记有"民国十一年"字样。是当时学校指定的作业，日记簿封面为级任老师杨耀辰先生题写。"夏国栋"是他读小学时用的名字，考初中时改用"夏鼐"之名。

1.17 ◄
报考初中时照片

浙江省立第十中学（现名为温州中学）创建于1902年。建校之初，校长孙诒让先生就提出了"既要注重学习科技知识，也要重视培养国学根基"的办学宗旨，形成了优良的学习风气。1924年夏，夏鼐小学尚未毕业，即报考该校初中部，以八九百考生名列第二的优异成绩，升入该校初中部学习。此时校长为金嵘轩先生，级任老师为魏肇基（译有法国思想家卢梭小说《爱弥儿》），后来成为著名历史学家的周予同也是这所学校的教师之一。1925年"五卅"惨案发生后，夏鼐曾以班级代表身份去街头讲演。后被推选为十中初中部学生会会长。
照片上的文字为夏鼐所写。

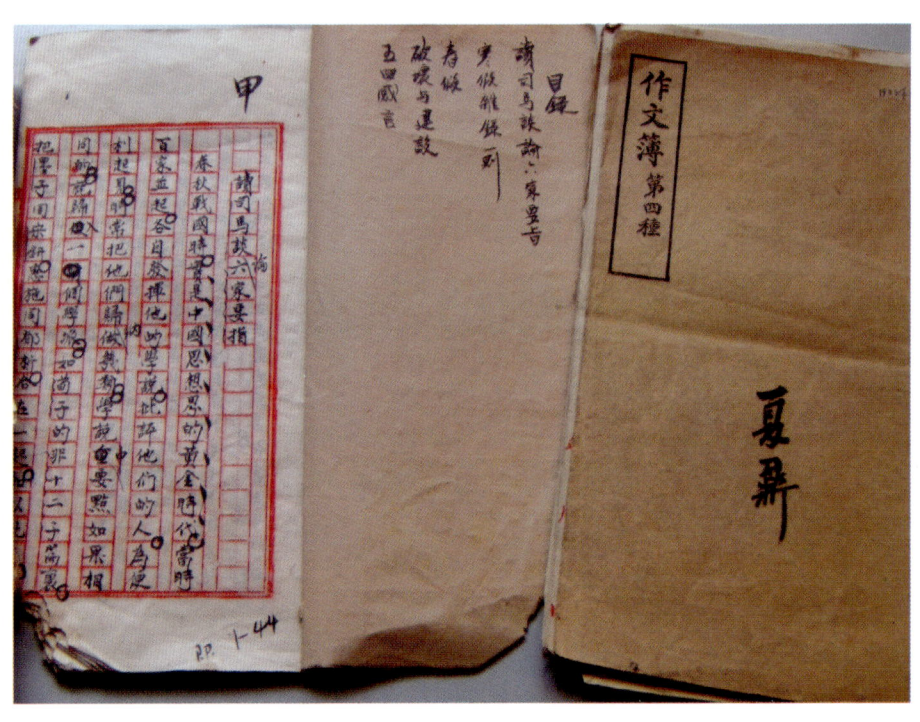

1.18 ►
初中作文簿

夏鼐在中学读书期间，学习一贯优秀，作文成绩尤为突出，这些保留下来的旧作文簿中，记载着当年的各类习作，有学校活动、政论、古文学习等。其中许多页面的字里行间留有当年老师的圈点和批语，多有称赞之语。

(一)温邑山水 哺育成长

1.19 ▲
十中初中部校门旧景

温十中初中部(仓桥)大门旧景;此校址于抗战期间,毁于日寇飞机轰炸。现为温州实验中学所在地。

1.20 ▲
温十中九山校舍旧景

温十中后迁址九山河畔,图为迁址后复建的教学楼。1982年夏鼐返温参加温十中建校80周年校庆时,即在此处(该址现为另一教育机构所用)。

1.21 ◀
温州中学所在九山河一带风景

早年温州中学的初中部在仓桥原中山书院旧址。夏鼐在一篇回忆文章中曾写道:"温州十中附近之九山河一带,风景优美。课余时常与同学跑到旁边的城墙下去温书,在城墙上面,可以俯瞰九山河和城内毗连的瓦房;向郊外看,可眺望到郊区一片稻田,点缀着几处村庄,青山绿水,景色宜人。常常是暮色苍茫中万家灯火亮起来的时候,才从城墙上走下来回家。……温州旧城墙是早已被拆掉了,但此情此景在我心中依然很深,历五十多年并没有把它冲淡。"照片取自《温中百年》。

1.22 ▲
温州市图书馆旧址：籀园图书馆门额

籀园图书馆（今温州市图书馆的前身）创建于1919年，当时名为"旧温属公立图书馆"，1955年下半年始改称"温州市图书馆"，一直沿用至今。温州市图书馆现已迁至政府广场附近新址。图为籀园的大门，门额上的"籀园"二字为近代著名实业家张謇题写。

1.23 ▲
籀园图书馆阅览室

该园环境优美、藏书丰富，并且距离夏鼐上学的温州省立十中很近，故课余时，他经常来到这里，阅读古今图书及时事报刊，往往流连忘返。

1.24 ▲
光华大学附中校园

光华大学为一私立学校，创建于1925年6月，由"五卅"惨案后脱离教会学校圣约翰大学的数百名师生组建而成。1952年，光华大学在中国各大学院系调整时，并入华东师范大学。光华大学附中当年是上海的著名中学之一，教学质量上乘，高中教材多采用英文版本。夏鼐于1927年夏考入该校。

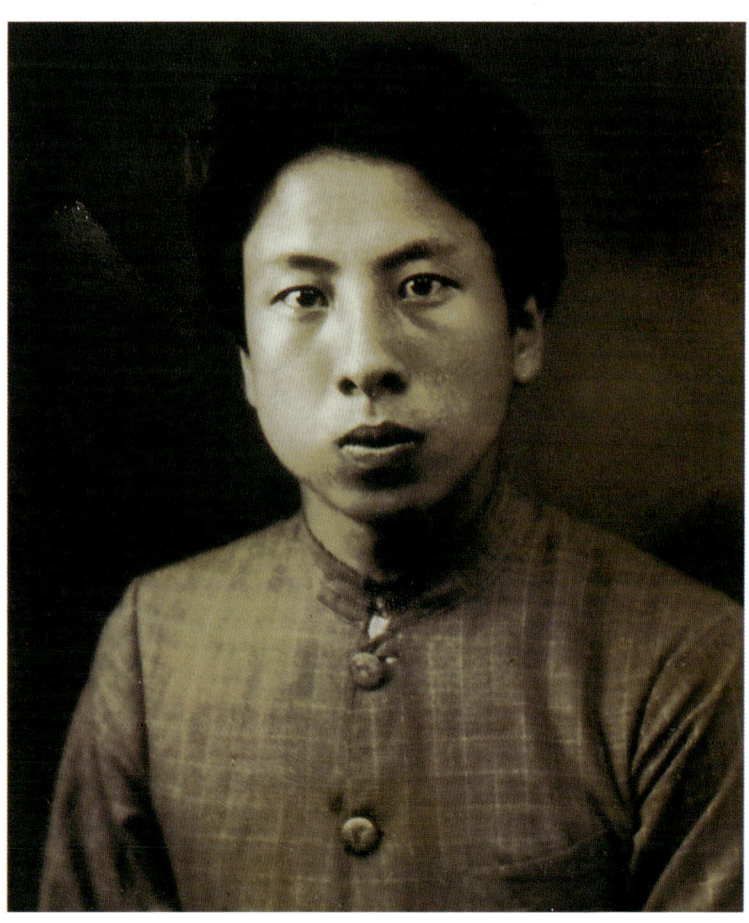

1.25 ◀
就读光华大学附中时照片

1927年夏，夏鼐在温州省立十中初中部毕业后考取在上海的私立光华大学附中高中部。由于附中与光华大学同在一座校园，学生们不仅有机会不时一睹在大学执教的胡适、徐志摩等著名学者的风采，而且还可以旁听他们讲授的课程。据日记载，1927年11月16日夏鼐还曾在那里聆听过鲁迅的讲演。

（一）温邑山水 哺育成长

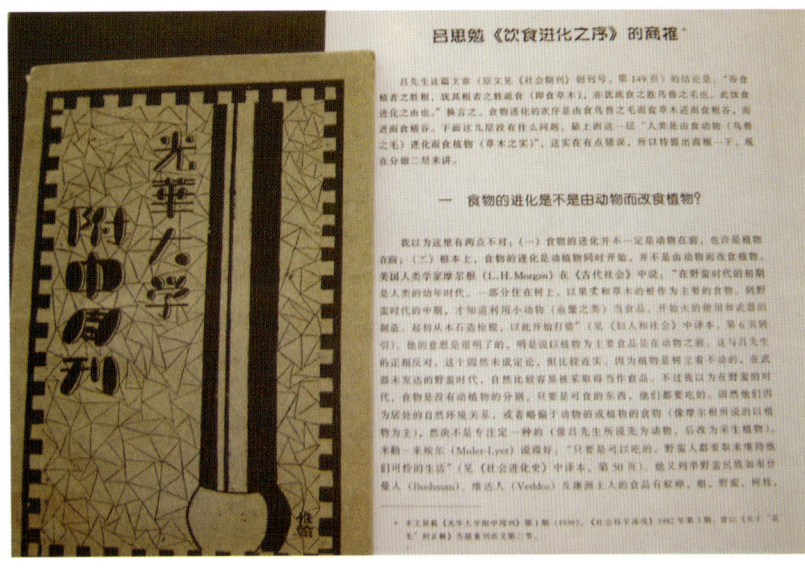

1.27 ▲
光华大学附中周刊

1928年光华附中学生会编辑出版周刊《旭刊》，夏鼐与屠启栋同学任"编辑主任"，又任文艺组负责职员。1930年任光华附中学生会编辑部长。夏鼐在光华附中读书时，他勤于思考、善于钻研的好学精神，已有所表现，曾在校内的学生刊物上，发表与光华大学教授吕思勉商榷的文章，从科学常识和文字训诂上对"茹毛"指"食鸟兽之毛"的传统说法提出质疑。

1.26 ▲
光华大学附中的银质奖章

夏鼐在光华大学附中学习期间，学习成绩一直名列前茅，在高中英文翻译和"国文"作文竞赛中，曾获得银质奖章（第二名）。照片为其所获奖章。

1.28 ◀
在苏州虎丘留影

1930年4月3日，利用春假，光华大学附中的同学一起同游苏州。左起：夏鼐、王祥第、陈德煊、曹熙。同行者均为温籍同窗好友，除曹熙以外，其他人后来均考入清华大学。

015

- 燕京大学未名湖畔
- 清华大学史学研究会
- 温州籍同学
- 清华大学历史系
- 清华周刊
- 山西大同云冈石窟
- 太原晋祠

考古学家夏鼐·影像辑 二

燕京清华 初露风华

- 燕京大学未名湖畔
- 温州籍同学
- 清华大学历史系
- 清华周刊
- 清华大学史学研究会
- 山西大同云冈石窟

燕京清华 初露风华

(1930年夏~1934年夏)

1930年8月30日，夏鼐离开家乡和妻儿老小远赴北平求学，先入燕京大学社会学系，学习社会科学理论。1931年下半年，通过考试转入清华大学二年级插班至历史学系。就读清华大学期间，夏鼐在陈寅恪、钱穆、雷海宗、蒋廷黻等教授的教导之下，打下了深厚的学术根基。夏鼐先治中国近代外交史，后转中国近代经济史，并陆续发表一些论文，开始在史学领域崭露头角，被誉为清华园的才子之一。1934年，夏鼐与吴晗等同窗合组"清华大学史学研究会"，同时参加《清华周刊》文史栏的编辑工作，曾带领同学去山西的云冈石窟等地考察。藏有大量中外书刊的大学图书馆，为进一步学习提供了可以广泛阅读的古今中外各种著作，夏鼐从中汲取了丰富的营养。他认为自学的成效最大，课堂考试成绩只是"虚名"，重要的是要学到真实的学问，以便将来更好地服务于社会。课余时间，他还常去考察圆明园等京郊的名胜古迹。夏鼐在有"象牙塔"之称的燕京大学与清华大学读书，不是两耳不闻窗外事，他思想十分活跃，在学习中不断思考各种问题，常就哲学和社会发展的命题与好友辩论不休。正在此时，他开始涉猎马克思主义的经典著作。当面对日本侵略者不断扩大在中国的军事行动而国内局势日益恶化的时候，夏鼐对国家的兴亡和个人的前途，深感忧虑。他埋头书斋而不遁世，面对人生而不流俗，关注社会进步、民间疾苦，却不主张金刚怒目、横扫暴跳。1934年7月，夏鼐从清华大学毕业，获得文学士学位，并在这一年晚秋，考取公费留学美国的名额。

2.1 ◀
燕京大学西校门

夏鼐于1930年夏考入在北平的私立燕京大学社会学系。同年8月北上报到,因蒋介石、冯玉祥、阎锡山的"中原大战",津浦铁路不通,与同行的单次刚从上海乘船至天津,再转乘火车赴北平,于9月6日抵达。同系有蒋旨昂、瞿同祖、刘古谛等同学。
(取自夏鼐旧藏明信片。)

2.2 ▶
就读燕京大学社会学系时照片

燕京大学社会学系属该校法学院。夏鼐1930年入学,学号为30040。当时所选课程有萧公权的政治学、林汝祺的生物学、任宗济的经济学、张尔田开设的史学、钱穆的国文、林东海的社会问题等。

2.3 ◀
燕京大学未名湖畔的男生宿舍

夏鼐当时住在男生宿舍1楼229室。据夏鼐日记载,该室以前曾有人自缢身亡,同学闻而却步,夏鼐则泰然处之。
(取自夏鼐旧藏明信片。)

（二）燕京清华 初露风华

2.4 ◄
燕京大学图书馆

夏鼐在校期间经常光顾图书馆，曾阅读诸多马克思主义经典著作及西方社会科学名著。同时又曾收集资料，准备编撰"叶水心年谱"。
（取自夏鼐旧藏明信片。）

2.5 ►
清华大学二校门

夏鼐于1931年暑假转学清华大学历史学系（学号1543），师从陈寅恪、钱穆、蒋廷黻、雷海宗等，打下深厚的史学基础。当年夏鼐以文才闻名，与钱锺书、吴晗等一起，被人称为清华园才子。
（取自夏鼐旧藏明信片）

2.6 ◄
与温籍同学吴景荣合影

吴景荣（右）（1915—1994），中学、大学与夏鼐（左）为同学。1936年清华大学外文系毕业，后入清华大学外文所深造。中华人民共和国成立后，先后任北京外国语学院、中国人民大学、外交学院教授，外交学院副院长，全国政协第五、六、七届委员。主编有《英语基础教材》、《汉英辞典》、《当代英文散文选读》等书。

2.7
就读清华大学历史系时的照片

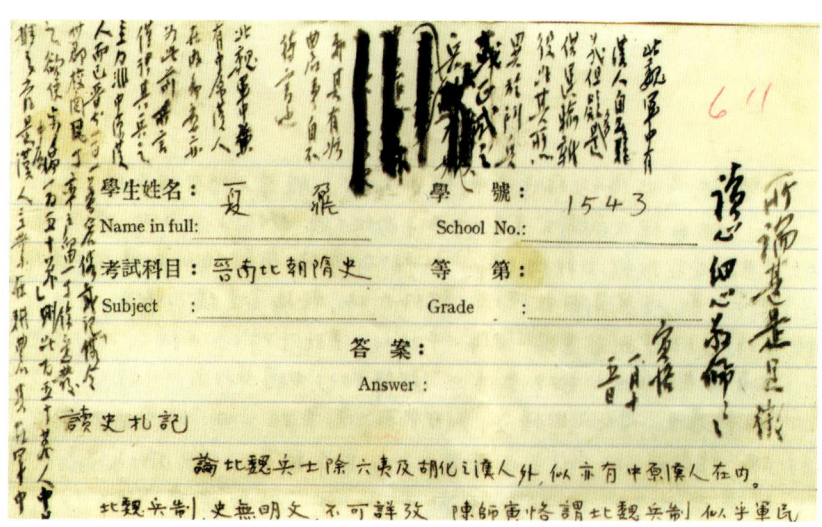

2.8
专业课作业影印件（局部）

夏鼐就读于清华大学时，为陈寅恪讲授的"晋南北朝隋史"课程所写作业，题为《读史札记——论北魏兵士除六夷及胡化之汉人外，似亦有中原汉人在内》。该文对陈寅恪老师的观点提出异议。首页上方毛笔字为陈寅恪阅卷后的大段评语，结语是："所论甚是，足徵读心（书）细心，敬佩！敬佩！寅恪 一月十五日"。

2.9 ▶
手书在清华大学学习期间发表的部分论文目录

夏鼐在清华大学学习期间，发表的论文有《鸦片战争中的天津谈判》、《百年前的一幕中英冲突》、《秦代官制考》等，资料翔实、考证精到，获得广泛好评，夏鼐也因而在史学领域崭露头角。图为1935年夏鼐自编保存的论文集录（《史学论丛》第一集）中手写的目录。

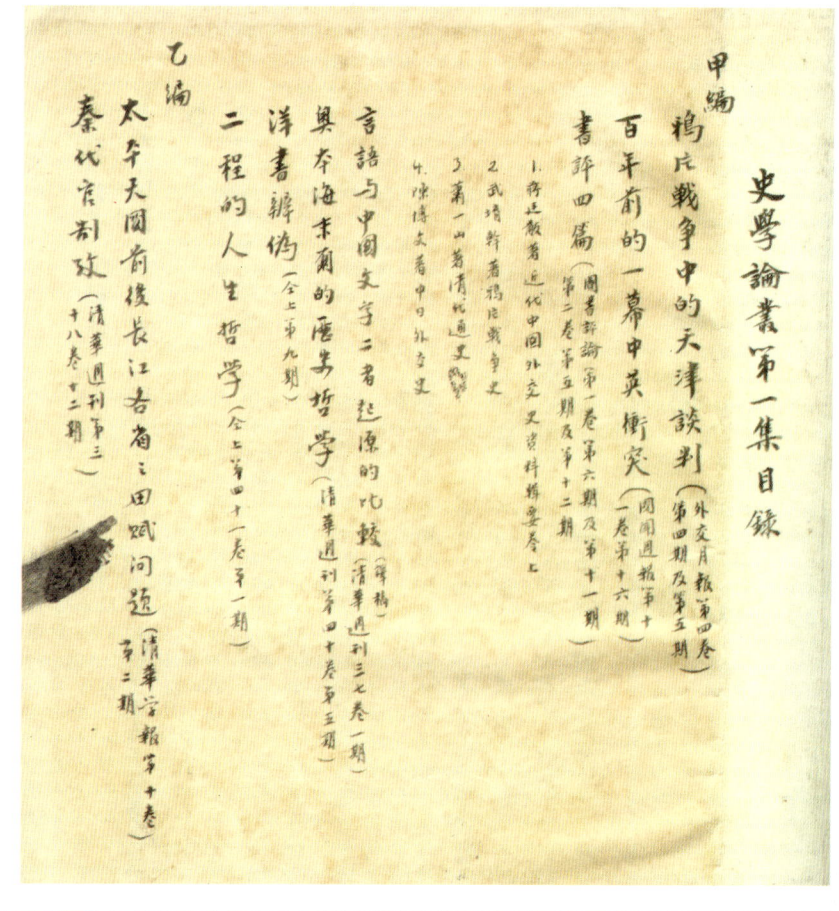

（二）燕京清华 初露风华

2.10 ▶
与同学在清华大学运动场

清华大学非常注重学生与老师的身体健康，广泛开展体育活动。图为1931年夏鼐与同学在学校运动场合影，右四为夏鼐。

2.11 ◀
清华周刊

1933年，夏鼐接替同班同学吴晗担任了六个月《清华周刊》的文史栏主任。

2.12 ▶
清华大学史学研究会合影

1934年5月与吴晗等十人共同组织"清华大学史学研究会"。左一吴晗，左二汤象龙，左三罗尔纲，左五夏鼐，左六梁方仲。

2.13 ▶
在石家庄火车站站台上与同学合影

1934年4月清华大学历史系同学12人，在夏鼐组织下，从北平乘火车出发，经石家庄、娘子关，到达山西太原，先在太原逗留数日，游览了晋祠，参观了山西大学、文庙及博物馆，然后赴大同云冈石窟考察，返程经张家口，游览赐儿山寒泉寺，回北平。前立左一为夏鼐。

2.14 ◀
与同学在太原山西大学教学楼前

1934年4月。
右二持旗者为夏鼐，一行人只有他穿着中式服装

2.15 ◀
在山西太原晋祠正殿前

1934年4月。

（二）燕京清华 初露风华

2.16 ◀
在山西大同云冈石窟，骑驴代步

1934年4月，右为夏鼐。

2.17 ▶
在山西太原晋祠傅公祠中读碑

1934年4月。
傅公祠壁上所嵌之碑板多为清初大儒傅青主（傅山）的手笔。夏鼐观看的造像碑，则为北魏时物。

2.18 ▶
在山西大同云冈石窟入口

1934年4月。

2.19 ◀
与同学在山西大同云冈石窟大佛前

1934年4月。
左一为夏鼐。

2.20 ▲
途经张家口火车站与同学在站台合影

1934年4月。
右四为夏鼐。

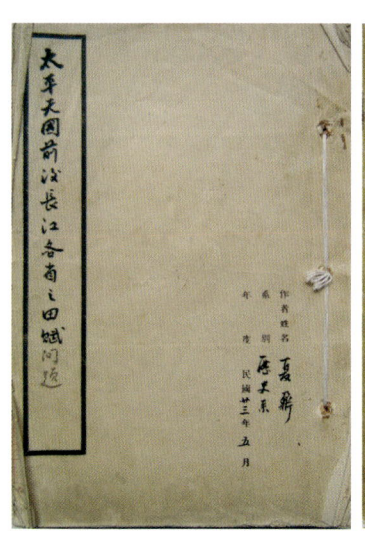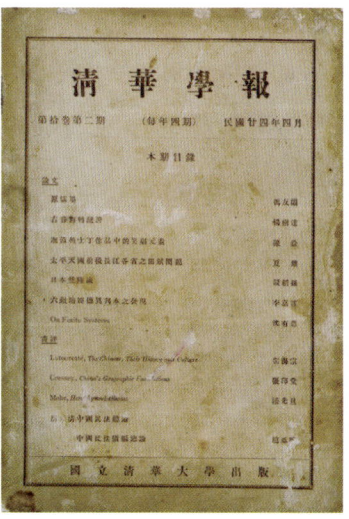

2.21 ▲
清华大学毕业论文手稿封面及发表该文的《清华学报》

夏鼐的毕业论文题为《太平天国前后长江各省之田赋问题》，他根据长江几个省的减赋全案，各省的通志和部分府县志，各省督抚的遗书和传志以及《清史稿》、《东华录》等官私文献，广泛地收集和梳理大量可用的资料。该文内容翔实，逻辑严密，文字流畅，洋洋4万余言，得到诸师友的赞许。写成不到一年便在1935年4月的《清华学报》上全文发表。

2.22 ▲
清华大学毕业证书上使用的照片

自题1933年12月2日摄。

2.23 ◀
清华大学温州籍学生毕业合影

1934年夏。
被举起者右起：黄云畴、夏鼐、陈筱熙；站立者右起：蔡观涛、赵恕、王祥第、刘品修、陈筱熙、杨学德(前)、王栻、吴景荣、叶岑、蔡孔耀。

2.24 ▶
清华、燕京大学温州籍同乡的合影之一

1934年夏，温州籍清华、燕京大学同乡在清华大学大礼堂前台阶合影留念。前排右起：夏鼐、黄云畴、陈筱熙，后排右起：李登梅、杨学德、刘品修、王祥第、陈德煊、蔡观涛、王栻、吴景荣、徐贤修、蔡孔耀、叶岑、陈筱熙、王良恭。(赵恕，最右边只有半边，未全摄入者)

2.25 ▶
燕京、清华大学两校温州籍同学合影之二

1934年夏于清华园。
背后石碑为清华大学校园内的"海宁王静安先生纪念碑",右四为夏鼐,左二为王栻。

2.26 ▶
燕京、清华大学两校温州籍同学合影之三

1934年夏,在燕京大学西校门内的"校友桥"
右二王栻、右六夏鼐、左一王祥第、左二徐贤修、左四吴景荣。

开罗博物馆

埃及阿曼尔纳遗址

尼罗河畔

巴勒斯坦的巴比伦古城遗址

博士学位论文

印度孟买

考古学家夏鼐·影像辑 三

负笈海外 立身考古

殷墟

伦敦大学

游览巴黎

在埃及参加考古发掘

金字塔与狮身人面像

负笈海外 立身考古

(1934年夏~1941年初)

　　1934年夏，夏鼐从清华大学毕业。他放弃了书斋生活，选择了较为艰苦的田野考古学作为自己学习的专业。凭借扎实的史学基础及优异的外文水平，他以总平均分78.5分的成绩名列当年考生榜首，获得去美国留学学习考古专业的名额。清华大学聘请傅斯年、李济为其辅导老师，并按有关规定，在出国之前，进入中央研究院历史语言研究所进行为期一年的准备。夏鼐此时除了开始大量阅读中外文考古学论著，还赴安阳殷墟发掘现场，在梁思永先生的指导下进行考古发掘实习。后来辅导老师们考虑到国外考古专业的师资情况，让他改为去英国留学，并且希望他以中国历史时期考古为发展方向。

　　1935年9月，夏鼐进入英国伦敦大学，在艺术研究所注册主修中国古代美术史专业，跟随一位既不会田野考古又不懂中文的教授学习。夏鼐感到这样学不到日后有用的知识和技能，经过认真思考，毅然决定改换专业，转至埃及考古学系，以期所学在发掘技术和研究方法上对中国的历史考古有所借鉴。由于攻读埃及考古学专业的难度较大，必须花费较长的时间，于是夏鼐写了一封5000字的长信，向清华大学校长梅贻琦详细陈述理由，恳请准许留学期限延长一年，表达自己希望学到本领、报效祖国的拳拳赤子之心。夏鼐获准攻读埃及考古学以后，随惠勒教授学习田野考古方法，参加埃及、巴勒斯坦的考古发掘，在处理较为复杂的考古遗迹方面经受到严格的专业训练；同时，他又随伽丁纳尔教授学习艰深的古埃及象形文字，迅速完成必修课程并发表若干论文。他更在格兰维尔教授的指导下，进行埃及古代各种串珠的系统研究，撰写长篇论文《古代埃及的串珠》，受到"埃及学"泰斗皮特里的青睐。1941年初夏鼐回到中国，在颠沛流离的战乱环境中继续写作论文，至1943年方才完成。1946年7月，夏鼐被伦敦大学授予埃及考古学博士学位，成为中国第一位埃及考古学专家。

3.1 ▶
以实习生身份赴殷墟考古工地实习

1934年。
诸同事与李济主任（右四）在安阳城内冠带巷发掘团办事处院中合影。右起：石璋如、夏鼐、尹焕章、李济、梁思永、刘燿（即尹达）、祁延霈、李光宇、胡福林（厚宣）、王湘。

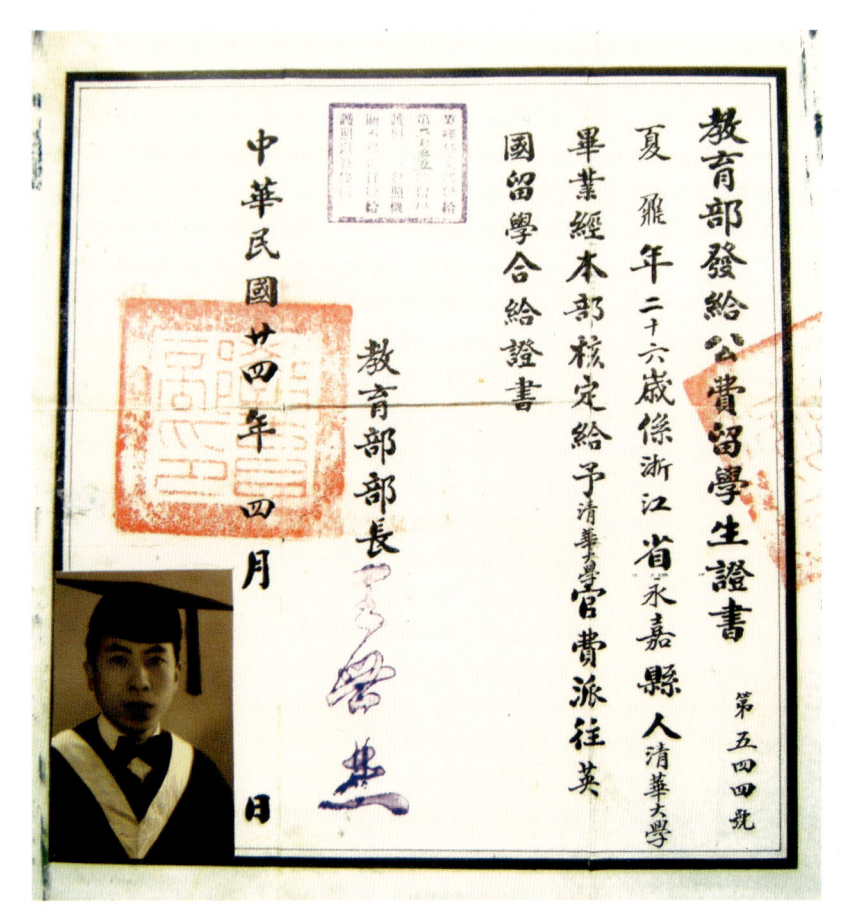

3.2 ◀
教育部部长王世杰签发的"公费留学生证书"（第544号）

3.3
洹河之滨的殷墟

殷墟是中国现代考古学的摇篮,历经数十年的考古发掘,揭露诸多殷商王朝的重要遗迹,获得无数珍贵的青铜器、玉器等文物,以及大量的刻辞甲骨。发掘工作迄今仍在进行中。图为殷墟及流经其旁的洹河。

3.4
殷墟发掘的侯家庄西北岗殷王陵墓区之一

殷代王陵区(西北岗大墓)在洹河北岸的武官村西北,当时因其土地属侯家庄村人所有,考古文献便称为"侯家庄西北岗",实际上它的方位是在侯家庄的东北方向。

3.5
殷墟发掘的侯家庄西北岗殷王陵墓区之二

当时这里共发掘8座"亞"字形大墓和2座"中"字形大墓。夏鼐负责发掘大墓附近的几座小墓和车马坑。当时作为实习学生的他,所表现的耐心、细致的工作态度,给发掘团同事留下深刻的印象。

3.6
在侯家庄租住的民房

当年发掘团同事租住在安阳侯家庄的几间民房里,由于当时盗墓贼猖獗,曾寄来匿名信,要发掘团不要染指他们视为宝藏的西北岗墓群,否则小心性命,因而发掘团所住民房的门前常有士兵站岗。

3.7
在殷墟进行考古发掘实习时，与同事合影

照片乃 1935 年春第十二次殷墟发掘时，假日在安阳城内冠带巷发掘团办事处后厅所摄。由左至右为尹焕章、夏鼐、石璋如、李光宇、王湘。照片中人们头上所戴铜盔系西北岗西区 1004 号大墓出土（当时此墓出土文物共约千件）；石璋如怀抱的大刀系东区某祭祀坑出土（这张照片是李光谟前往台湾清理乃父李济先生遗物时发现，检出赠给胡厚宣之子胡振宇的，由其转赠）。

3.8
在安阳城内冠带巷发掘团办事处院落中

1935 年春。

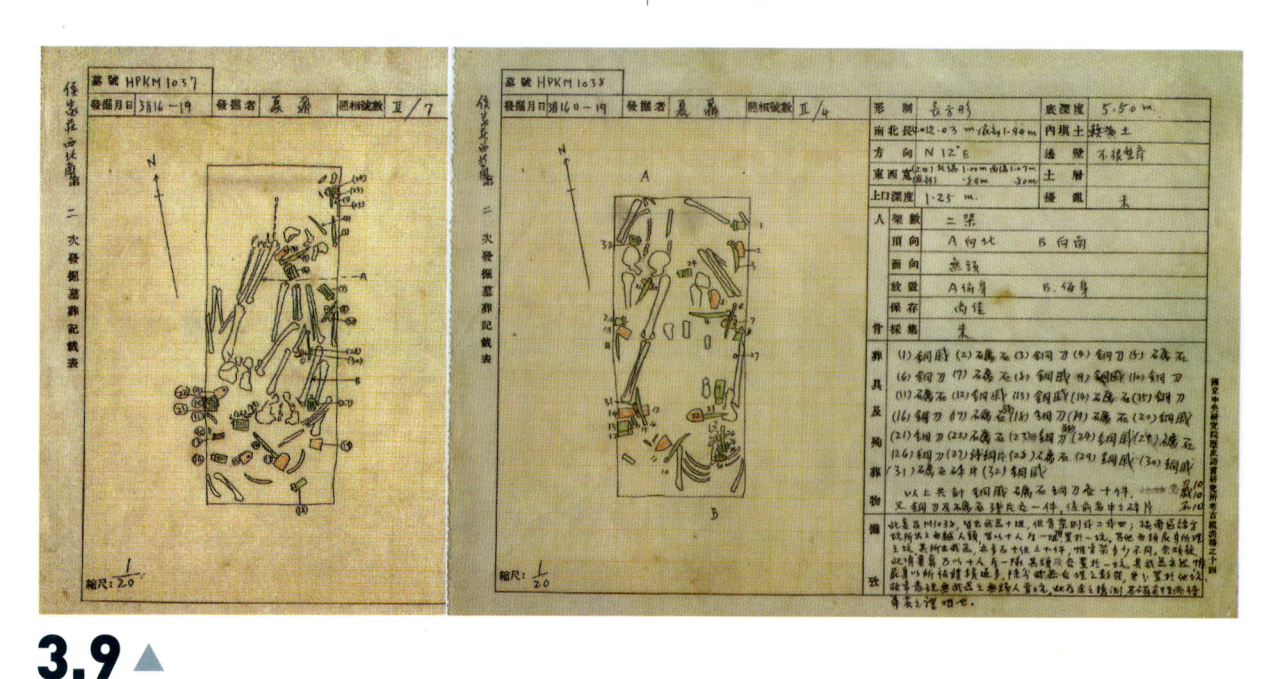

3.9
侯家庄西北岗东区发掘M1037、M1038两座小墓记录手迹

这是夏鼐平生所写的第一份考古发掘记录，原件现存台北中研院历史语言研究所档案室。

3.10 ▲
出国前与旧友刘古谛告别留影

刘古谛（左）系夏鼐（右）光华附中及清华大学时期的好友及室友。照片为夏鼐1935年3月临出国前，与刘古谛在上海的留影。

3.11 ▼
出国护照原件

1935年8月7日，夏鼐乘意大利邮船由上海起程去英国，开始了长达6年的留学生活。沿途经过香港、新加坡、科伦坡、孟买、亚历山大、威尼斯、巴黎，历时28天，于9月3日到达英国首都伦敦。

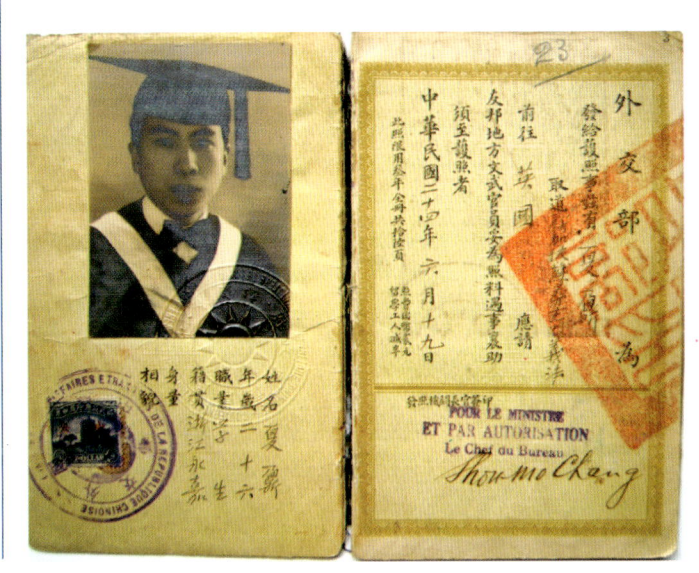

3.12 ▲
伦敦大学

伦敦大学学院（University College London，简称UCL），它是一所创建于1826年的综合性大学，也是伦敦大学的创校学院。通常被认为是继牛津、剑桥之后英格兰第三古老的大学。
取自夏鼐收藏的明信片。

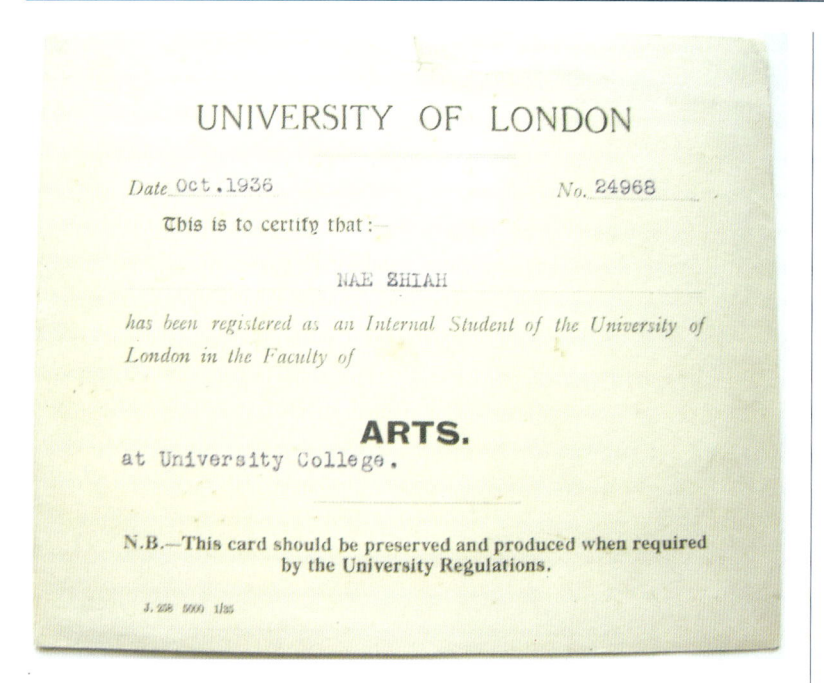

3.13 ▲
在伦敦大学入学的注册卡

3.14 ▲
进入伦敦大学时照片

1935年。

3.15 ◀
在伦敦的一处寓所

夏鼐留学初到英国时所住寓所，合租者为陈凤书，他们与房主同住在这幢楼内。
（2007年上海博物馆王樾先生摄影并提供）

3.16
留英期间所住寓所前Fellows Road街景

留学寓所外街景。当年课余时间,夏鼐常与三两好友散步街头,谈论学业及排遣孤寂思乡之情。
(2007年上海博物馆王樾先生摄影并提供)

3.17
在伦敦的另一寓所门前合影

抵英一年后,夏鼐搬到距原寓所不远的另一条街上的Fellows Road 149号寓所。该街道现依然保持原貌,只是照片中的房子已被拆除,现为一片绿地。右为陈风书,于1937年9月返国。照片约摄于1936年秋。

3.18
重访英伦时拜见老师惠勒教授

伦敦大学的田野考古课程,原由皮特里(W.F.Petrie,1853-1942)教授主持。夏鼐留英时,皮特里已退休,改由惠勒(M.Wheeler,1890-1976)教授继任。夏鼐曾于1936年参加惠勒主持的英国梅登堡(Maiden Castle)山城遗址的发掘,深受惠勒的考古思想影响。图为1973年夏鼐(右)重访英伦时,与83岁高龄的惠勒老师(中)会晤。

3.19
泛舟牛津河上

1939年4月利用假期与同学结伴到英国牛津城游览。左起王维城、夏鼐、袁家骅。

3.20
参观伍德亨奇遗址

1936年5月16日。
"此遗址之木柱早已朽腐，遗迹亦已埋没。近年是飞行员在空中视察发现，后加发掘，始证其确实为古代遗迹。后以三合土之柱，以标志古代已朽木柱之所在"（夏鼐自题）此为航空摄影考古的较早实例。

3.21
暑期与友人游览巴黎

1937年夏鼐（后左）与友人一起。

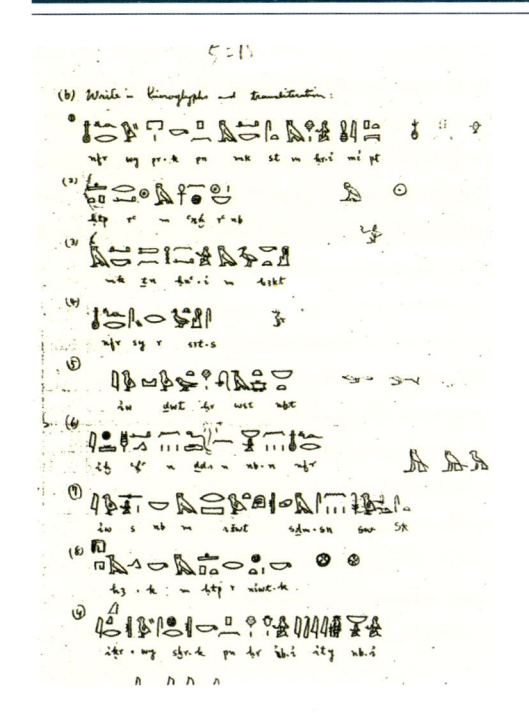

(三) 负笈海外 立身考古

3.22 ▲
学习古埃及象形文字的作业

3.23 ▲
关于埃及象形文字等方面的论文

夏鼐在古埃及语文权威伽丁纳尔的亲授下，一年多时间便学完了埃及语语法、僧侣体象形文字、新埃及语等，译就多种古埃及文作品，而一般埃及学专业的学生则需要两年时间才能完成这些课程。夏鼐很快就发表了有其独到见解的论文：《一个古埃及短语在汉语中的对应例子》、《关于贝克汉姆岩的几点评述》。

3.24 ▲
在埃及参加考古发掘时

1938年。

3.25 ▲
参观阿尔曼特（Armant）托勒密神庙遗址发掘现场

1938年1月。左三为夏鼐。

3.26 ▶
参观阿尔曼特托勒密神庙遗址发掘现场

1938年1月。
左三为夏鼐。

3.27 ◀
参观古埃及某神庙遗址

1938年1月。
左三为夏鼐。

(三）负笈海外 立身考古

3.28 ▲
在古埃及某神庙遗址参观

1938 年 1 月。

3.29 ▲
初次骑乘骆驼

1938 年 2 月。

3.30 ▲
在埃及胡夫金字塔前

1938 年 2 月。

3.31 ▲
埃及金字塔与狮身人面像

取自夏鼐藏旧明信片。

3.32 ◂
参观阿斯旺附近的古埃及采石场发掘现场

1938年2月坐在现场遗留的古代花岗岩石像旁。石像长约20英尺。

(三) 负笈海外 立身考古

3.33
夏鼐博士论文的指导老师格兰维尔教授

伦敦大学埃及学系创始人皮特里在1893年该系成立时曾经指出，古埃及串珠的研究将是埃及学发展中的关键课题之一。在格兰维尔教授(S.Glanville)的指导下，夏鼐确定以古埃及串珠为博士论文题目，即以伦敦大学皮特里博物馆收藏的1760件各种串珠为基础，进行系统的整理研究，1939年10月欧洲爆发战争后，伦敦大学埃及考古系停办，格兰维尔教授设法使夏鼐能够继续求学，既争取校方照常发给尚未领完的奖学金，又安排他去开罗博物馆工作以代替缺少的一个学期课程。
（照片为伦敦大学亚非学院汪涛博士提供。）

3.34
伦敦大学皮特里博物馆保存古埃及串珠标本的展柜

（照片为伦敦大学亚非学院汪涛博士提供。）

3.35
为撰写关于古代埃及串珠博士论文而制作的资料卡片

伦敦大学皮特里博物馆至今保存着夏鼐亲手抄制的有关古埃及串珠资料卡片。当年夏鼐按古埃及串珠的形制、颜色、材料、纹饰、出土地、时代、用途登记，并手绘线图，制成近2000张资料卡片。图为夏鼐自存的部分卡片副本。

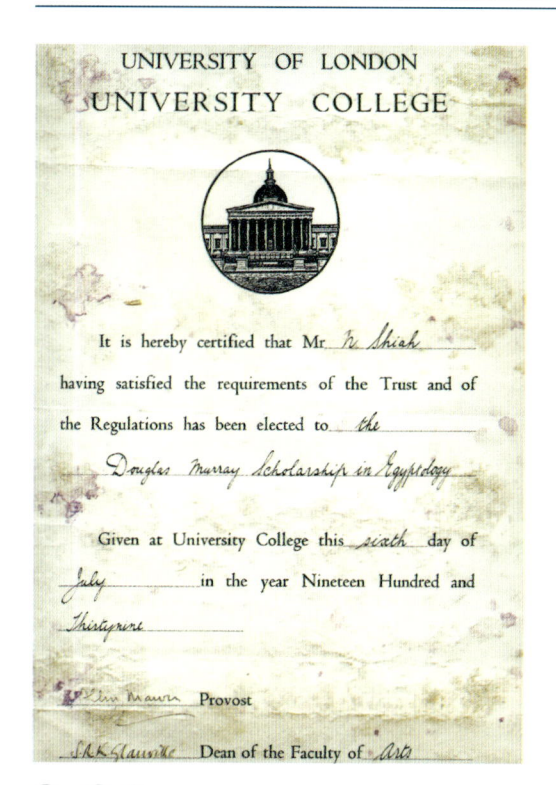

3.36 ▲
所获伦敦大学学院道格拉斯·莫里奖学金证书

3.37 ▲
即将离开伦敦大学时的夏鼐

1939年9月。

3.39 ▼
古埃及石刻壁画拓片

此为夏鼐当年作为实习学生在开罗博物馆拍摄陈列的实物拓片。1956年埃及考古学家埃米尔教授来中国讲学时，曾将该拓片的复制品赠送给已经是中国考古界领导者的夏鼐。

3.38 ▲
开罗博物馆

1939—1940年，为进一步收集博士论文所需资料，夏鼐在此工作一年。夏鼐摄于1939年。

（三）负笈海外 立身考古

3.40
与埃及开罗大学师生合影

1940年1月。
与开罗大学考古学系师生在埃尔穆波利斯（Hermopolis）参观考古发掘现场时合影，左二为夏鼐。当时他也戴了一顶埃及式的帽子（塔布士，Tarbush），几乎与埃及人无异。

3.41
在埃及阿曼尔纳（Amarna）遗址

1940年7月。
在阿曼尔纳为古埃及第18王朝的都城遗址。

3.42 ▶
在埃及阿曼尔纳遗址

1940年7月。

3.43 ▲
埃及尼罗河畔的古埃及鲁开萨神庙之一

前景为尼罗河，对岸为考古发掘工地附近的鲁开萨神庙。题刻显示该庙应是公元前一千三百余年所建。

(三) 负笈海外 立身考古

3.44 ▲
尼罗河畔的古埃及鲁开萨神庙之二

3.45 ◀
巴勒斯坦的巴比伦古城遗址的伊斯塔门 (Ishtar Gate)

在进行古代串珠研究时，夏鼐曾经得到埃及学权威皮特里的指导，文稿也得到皮特里的肯定和称赞。1940年底，夏鼐取道巴勒斯坦回中国时，特地前往耶路撒冷，晋见皮特里，当面聆听他的指教。

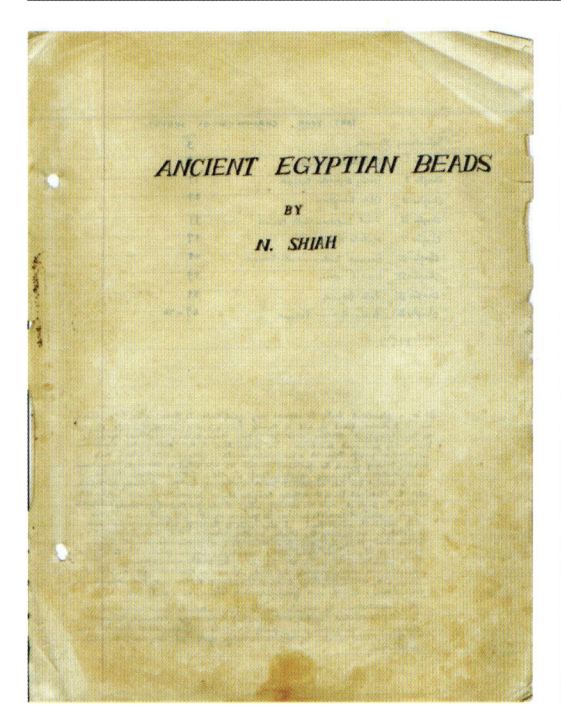

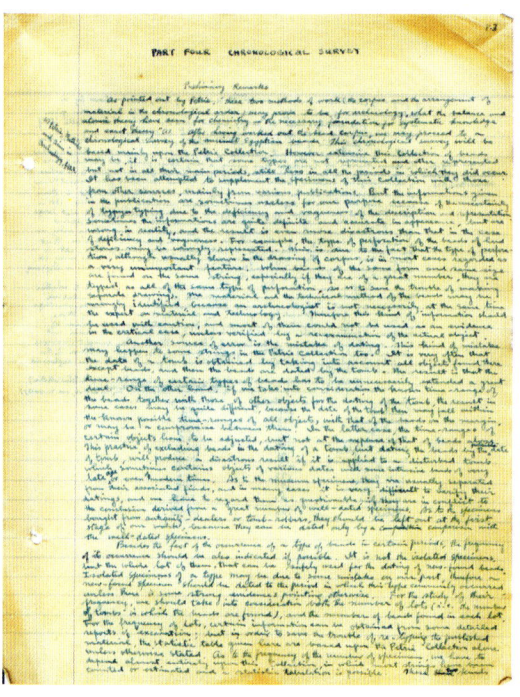

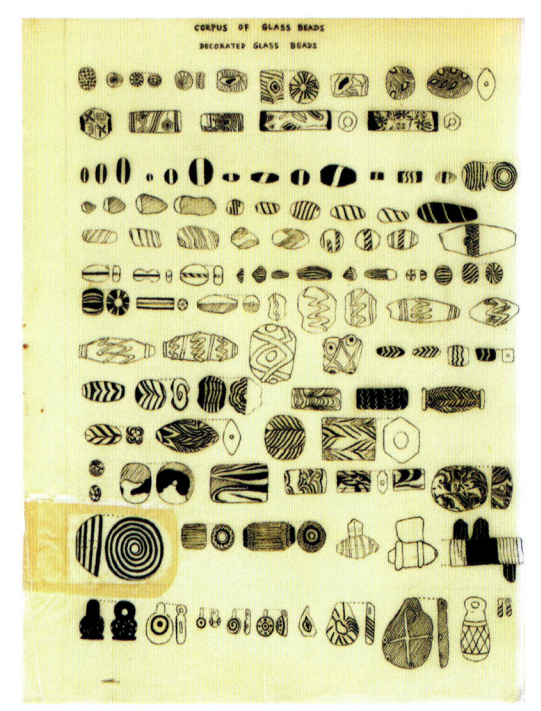

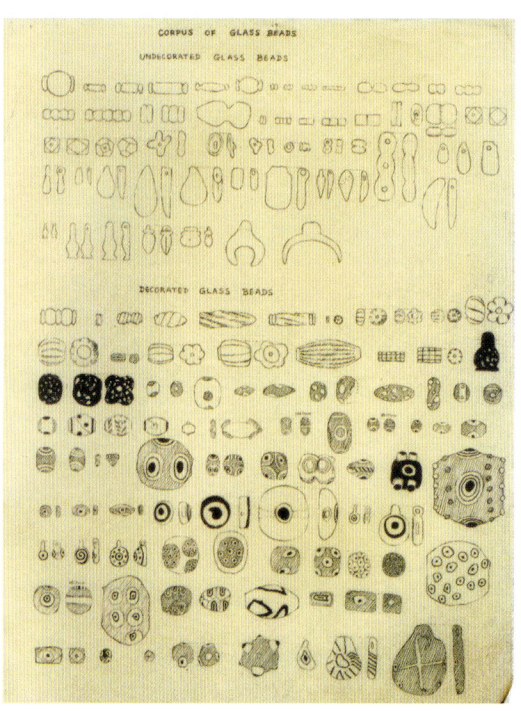

3.46
博士论文《古代埃及的串珠》手稿

夏鼐的博士论文1943年完成,打印433页,分为4编23章,第一编导论5章,介绍了古埃及串珠的考古价值、研究范围、登记方法、处理模式以及定名和材料鉴定。第二编5章是不同材料(玻璃、石、烘烤材料、金属、其他)串珠制作工艺的研究。第三编4章将各类串珠进行分类,并提出新的排谱。第四编是年代考察,将古埃及串珠按时代分为9段,从史前到古希腊罗马时期。这部论文对材料的研究十分透彻,显示了夏鼐对埃及学的深厚功力。据悉,这篇六十多年前的论文,由于没有学者重新进行这一课题的专门研究,仍然具有重要的参考价值,中国社会科学院考古研究所正与伦敦大学方面洽商合作出版事宜。图为夏鼐手写论文原稿及手绘插图。

(三) 负笈海外 立身考古

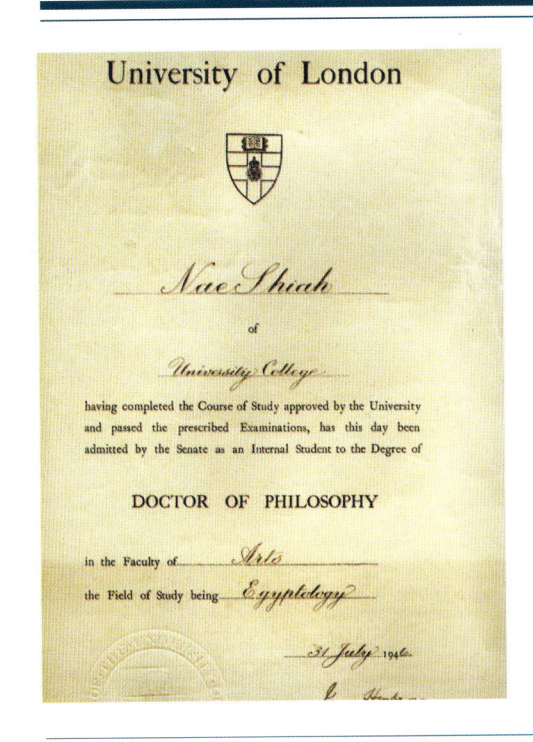

3.47
伦敦大学博士学位证书

夏鼐的博士论文是回国以后于1943年7月最终完成的，当年10月寄往英国。由于第二次世界大战，伦敦大学直到1946年才复课。按该校规定，博士论文必须进行答辩，因条件所限，夏鼐当时无法专程前往，经申请，校方特许免予答辩，缺席通过。1946年7月，夏鼐被授予伦敦大学博士学位。

3.48
在印度，与友人合影

1941年正在埃及实习的夏鼐（左）被迫结束学业，直接由埃及途经巴勒斯坦、伊拉克、巴基斯坦、印度、缅甸，历时50天，回到中国云南。来不及返家探亲，即奔赴内迁至四川李庄的中央博物院筹备处报到。

3.49
返国途经印度孟买时与侨商合影

1941年在返国途经印度时，夏鼐（中）与两位山东籍的侨商（名失考）相识，一起结伴旅行，分别时合影留念。1948年年末，夏鼐离开南京返回温州时，曾将一些资料（包括照片）、书籍及杂物装箱存放在中央研究院历史语言研究所大楼，1950年前往提取时，存物丢失殆尽。后来有人拾到这张照片并寄给夏鼐，失而复得，殊为珍贵。

051

齐家文化墓葬

临洮寺洼山发掘

代理历史语言研究所所务

南京栖霞山

杭州玉泉山晋墓

浙江大学人类学系

西北考察 成果斐然

考古学家夏鼐·影像辑 四

- 彭山崖墓考古发掘
- 敦煌莫高窟考察
- 敦煌附近古墓发掘
- 汉代烽燧遗址
- 敦煌小方盘城遗址

西北考察 成果斐然

(1941～1949年)

1941年年初，夏鼐回到抗日战争中的中国，在昆明短暂停留后，随即前往四川南溪县李庄镇，任职于中央博物院筹备处，为专门设计委员，正式开始了他的职业考古生涯。1941年下半年，他和吴金鼎、曾昭燏、高去寻、冯汉骥等，在四川彭山县发掘汉代崖墓。1943年转入中央研究院历史语言研究所，被任命为副研究员，正式在李济主持的考古组工作。1944-1945年，向达和夏鼐率领"西北科学考察团"历史考古组，在经费严重不足、气候极其恶劣、生活十分困难的情况下，在甘肃河西走廊及敦煌附近，进行将近两年的考察与发掘，取得了重要收获。

1946年年初，中央研究院历史语言研究所迁返南京，夏鼐将甘肃所获考古资料进行了整理研究，先后发表《齐家期墓葬的新发现及其年代的改订》、《新获之敦煌汉简》等论文，丰富了中国史前考古和汉唐时期考古的内容，奠定了他在中国考古学界和历史学界的地位。正因为如此，在傅斯年所长于1947年6月至1948年8月前往美国医病的一年多时间里，资历尚浅的夏鼐被委托代理所务。1948年8月，夏鼐晋升为研究员。

尽管夏鼐受到中央研究院和傅斯年本人的器重，但在1948年年末中央研究院历史语言研究所迁往台湾岛的时候，他留在大陆，静观时局的变化，并借机离开南京，返回故乡与家人团聚，陪伴年迈多病的母亲。1949年秋至1950年夏，应浙江大学之聘，夏鼐在该校人类学系担任将近一年的教学工作。

4.1
与李济及彭山崖墓考古队人员合影

1941年7—11月，夏鼐参加中央研究院历史语言研究所考古组、四川省博物馆、中国营造学社合作，吴金鼎主持的彭山崖墓发掘，取得丰硕的成果。这是四川地区进行的首次正式考古发掘。

左起：吴金鼎、王介忱、高去寻、冯汉骥、曾昭燏、李济、夏鼐、陈明达。

（照片采自《曾昭燏文集》）

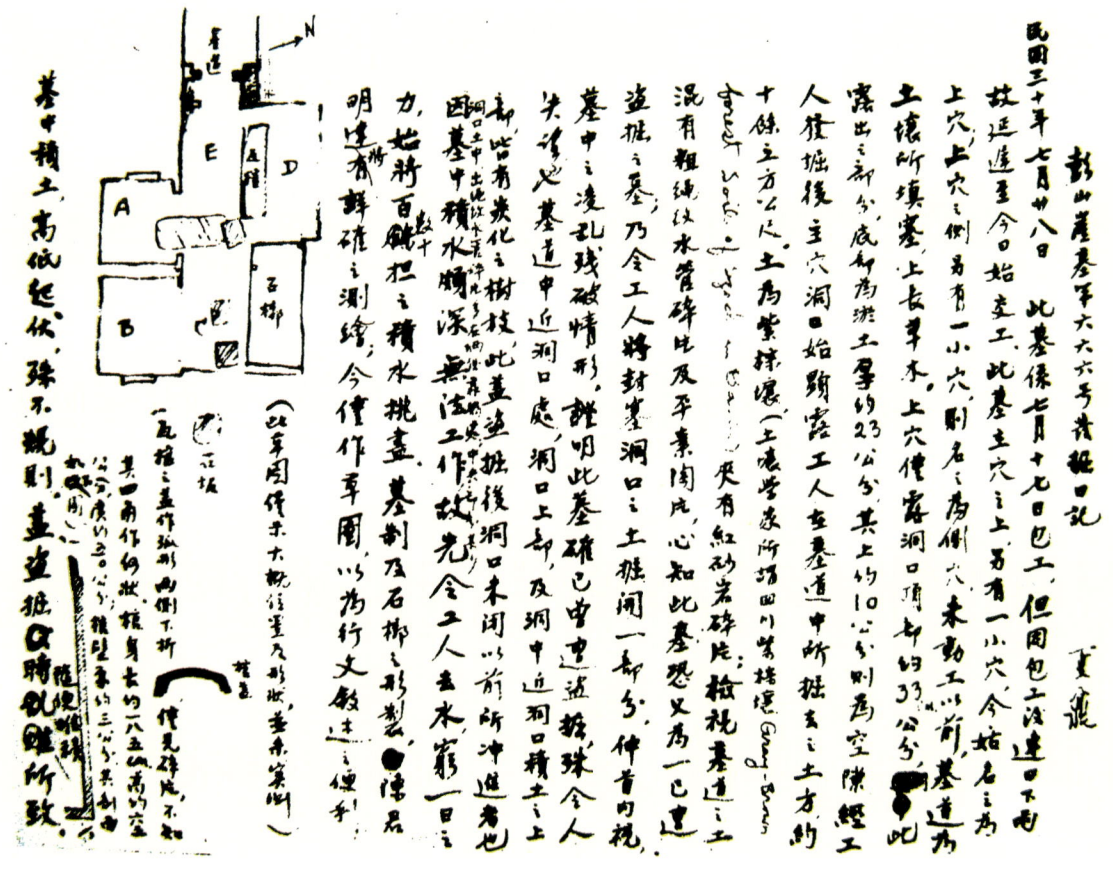

4.2
参加彭山崖墓发掘所写发掘记录手迹

（照片采自《四川彭山汉代崖墓》。）

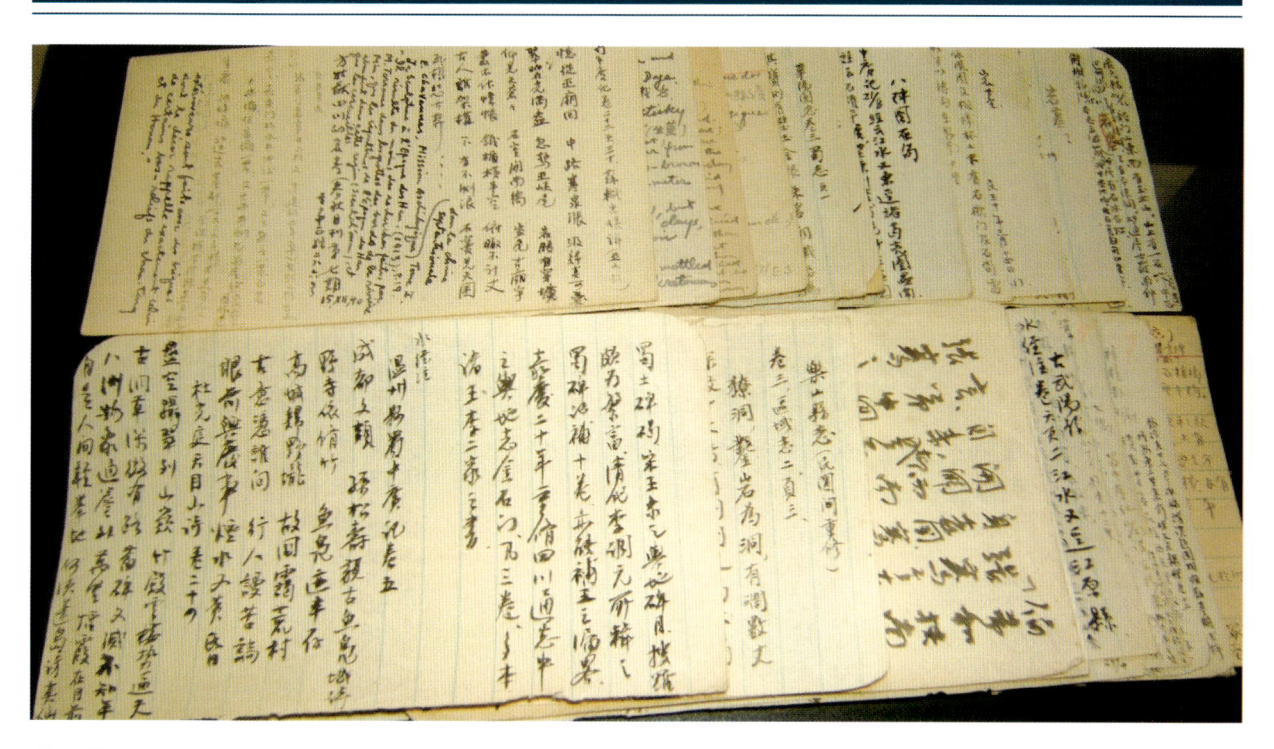

4.3 ▲
发掘彭山崖墓时抄录的有关文献资料手迹

1941年夏鼐所写。

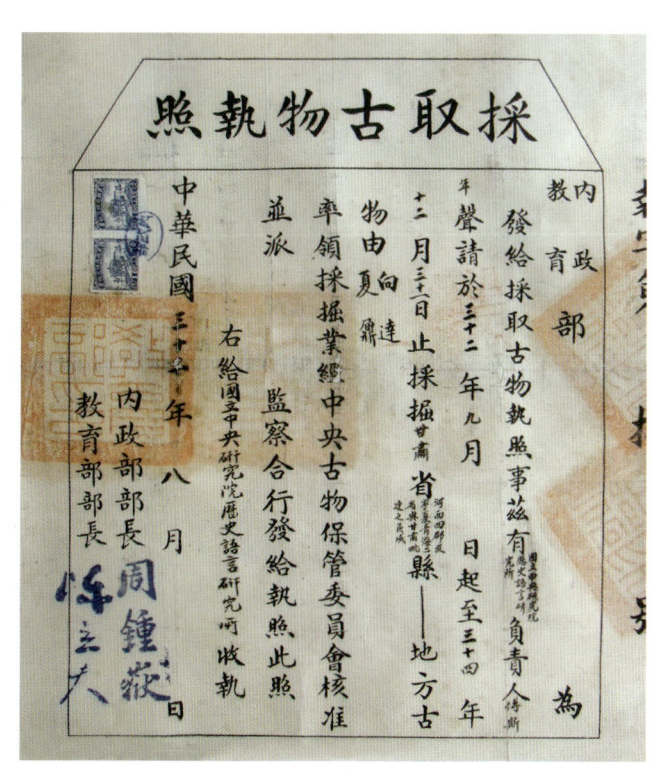

4.4 ▲
手绘彭山崖墓外景示意图

由于工作条件艰苦，且摄影器材缺乏，只得采用手绘方法，绘制崖墓的外景示意图，这个工作是由夏鼐完成的。

4.5 ◀
考察团领取的"采取古物执照"

有效期为民国三十二年九月至三十四年十二月三十一日，颁发人为内政部部长周钟岳、教育部部长陈立夫，领取人为向达与夏鼐。

4.6
发掘敦煌佛爷庙魏晋时期墓葬现场

1944年春季，夏鼐原本在敦煌佛爷庙东区发掘魏晋时期墓葬，在老爷庙一座晚于此时的盛唐时期墓葬发掘时，采用桔槔从墓坑中将填土运出，发现一批精美的花砖和陶俑。原物现藏于南京博物院。

4.7
与向达在甘肃敦煌莫高窟合影

摄于1944年夏。

向达（右）与夏鼐（左）。西北大漠的自然环境非常恶劣，夏天酷热难耐，冬天黄沙扑面。当年考察团或住在贫困农户家，或住自搭帐篷，没有大米，缺少蔬菜，有时找不到淡水；交通极为不便，出行时往往骑马，不谙马术的夏鼐几次摔下。经这次艰苦生活的折磨，原本就有胃病的他，病情更加严重。

4.8
在敦煌老爷庙发掘盛唐时期墓葬出土的三彩陶俑

（四）西北考察 成果斐然

千佛洞中段外景

敦煌石窟塑像

敦煌石窟壁画之一

敦煌石窟壁画之二

4.9
敦煌石窟照片

当年在敦煌千佛洞，夏鼐曾用了一个多月的时间，逐个洞窟进行详细的考察，试图以有年号题记为标准，抽绎各时代的特点，撰写《敦煌千佛洞各窟分期研究的初步试探》。虽然这篇文章最终并未写成，但他在1951年将自己的设想写在《漫谈敦煌千佛洞和考古学》一文中，为敦煌千佛洞的考古研究提供了新的思路。

夏鼐1944年所摄。

4.10
敦煌汉代烽燧遗址

夏鼐1944年11月摄。

4.11
敦煌小方盘城遗址

夏鼐1944年11月摄。

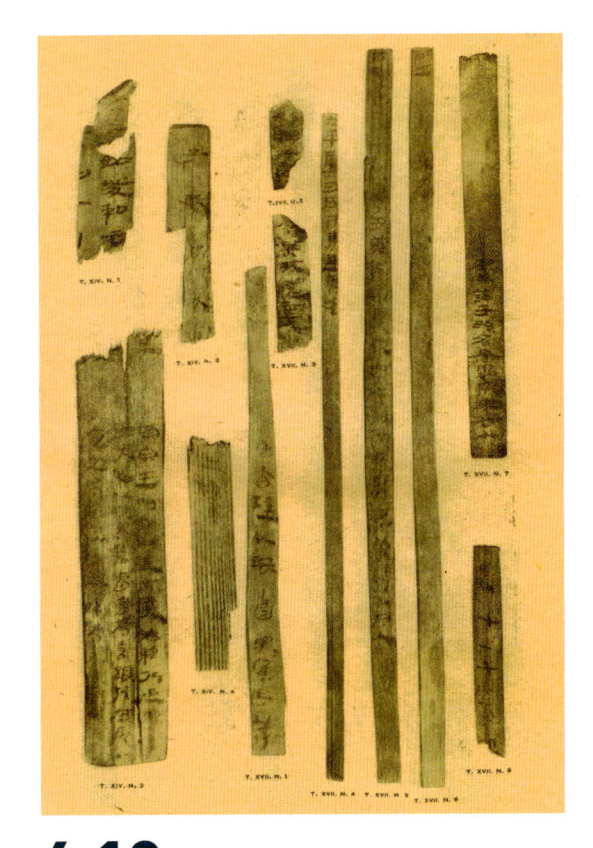

4.12
敦煌小方盘城遗址出土的汉简

此图左侧下部较宽的汉简,即载有"酒泉玉门都尉护众候畸"等字样。

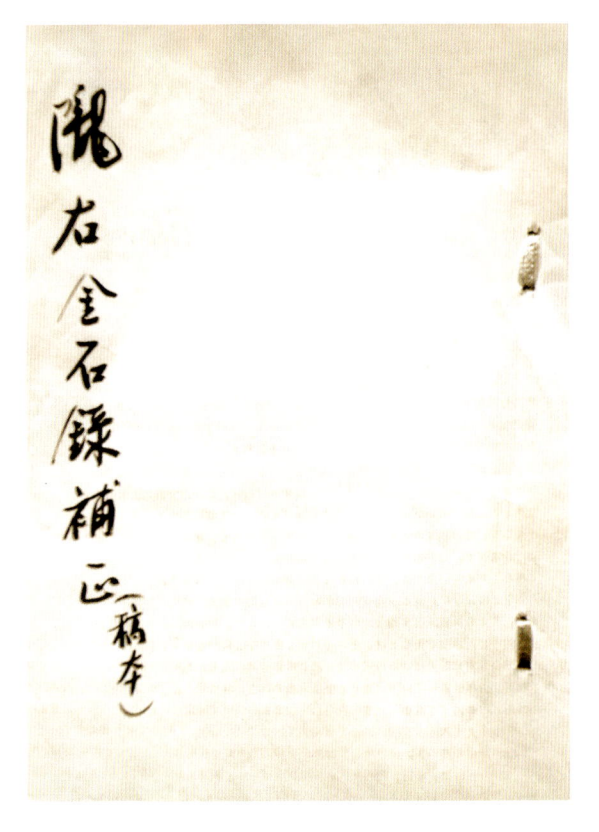

4.13
根据在河西走廊各地考察所获资料撰写的《陇右金石录补正》手稿封面

(四) 西北考察 成果斐然

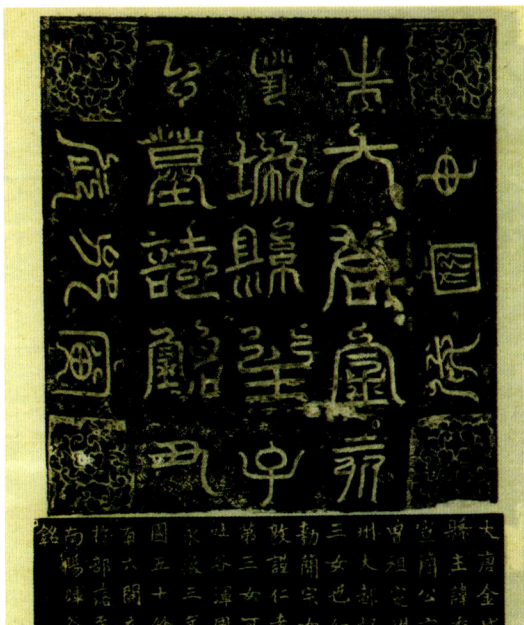

4.14 ▶
发表《新获之敦煌汉简》一文

通过1944年11月敦煌小方盘城遗址的发掘，以及对该遗址出土汉简的考释，夏鼐使久讼难决的汉代玉门关确切位置，从考古学上得以判定，对玉门关的设置年代也提出了新的看法。

该论文发表于《中央研究院历史语言研究所集刊》第十九本。

4.15 ◀ ▲
墓志及《武威唐代吐谷浑慕容氏墓志》一文

夏鼐在考释甘肃武威喇嘛湾所出土的四方慕容氏墓志的基础上，结合有关历史文献，用年表的形式对吐谷浑晚期历史作了详细的叙述。

该论文发表于《中央研究院历史语言研究所集刊》第二十本。

061

4.16
甘肃宁定县阳洼湾齐家文化墓葬遗址及出土器物

上图中有人站立处，即为阳洼湾2号墓的位置。1945年5月，夏鼐在清理该墓时，经细心辨认，发现其填土中埋有属于甘肃仰韶文化的陶残片（右图中部右侧），由此得出齐家文化晚于仰韶文化的结论。出土原物现藏南京博物院，遗址照片为夏鼐摄。

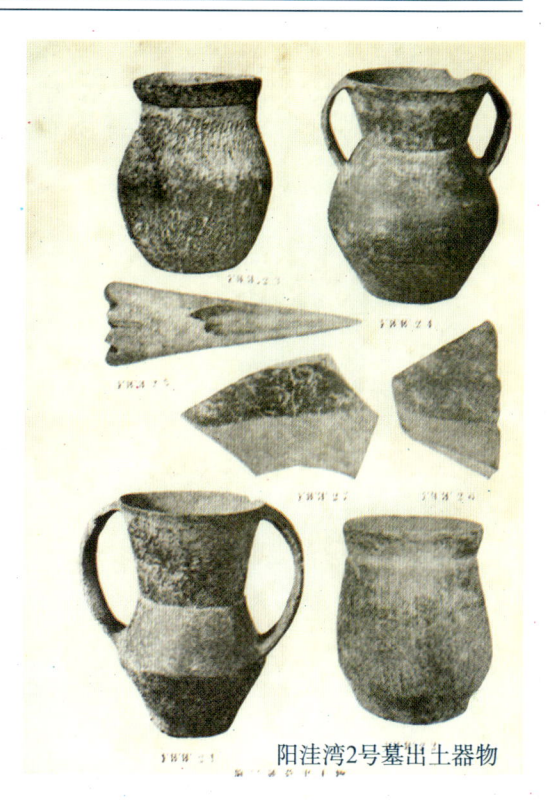

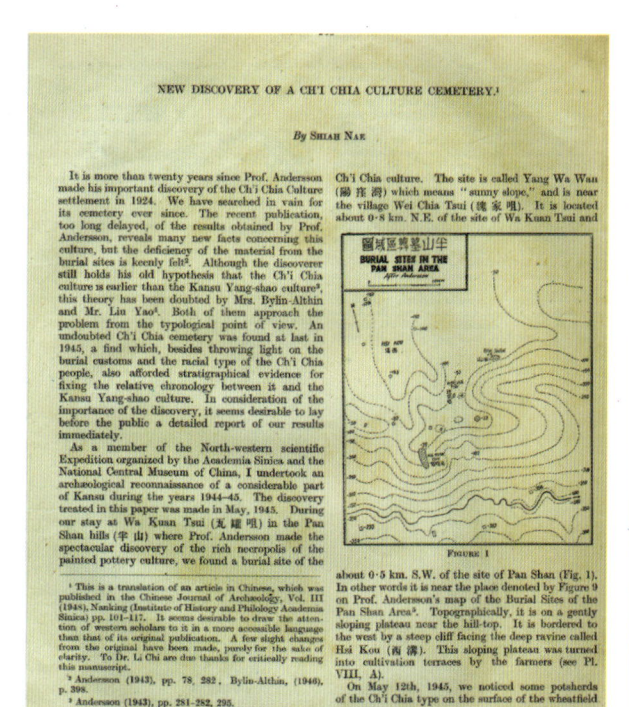

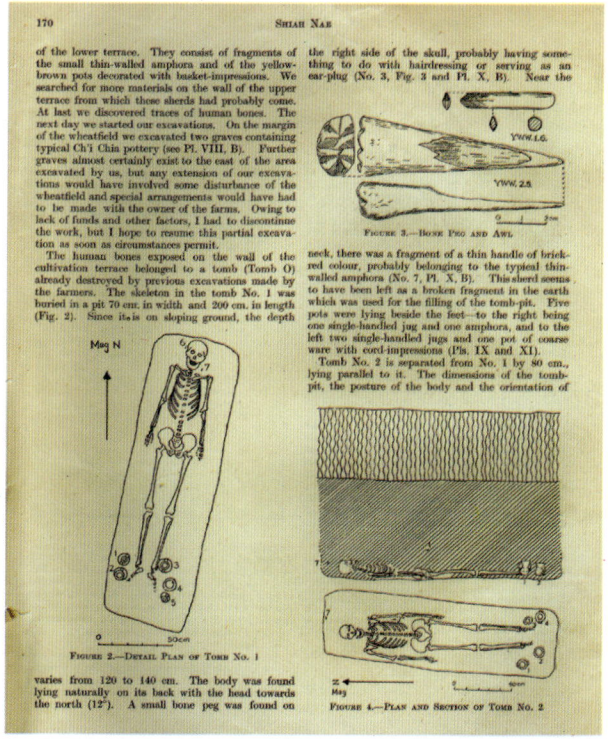

阳洼湾2号墓出土器物

4.17
1946年发表在英国《皇家人类学会杂志》关于改订齐家文化年代的论文

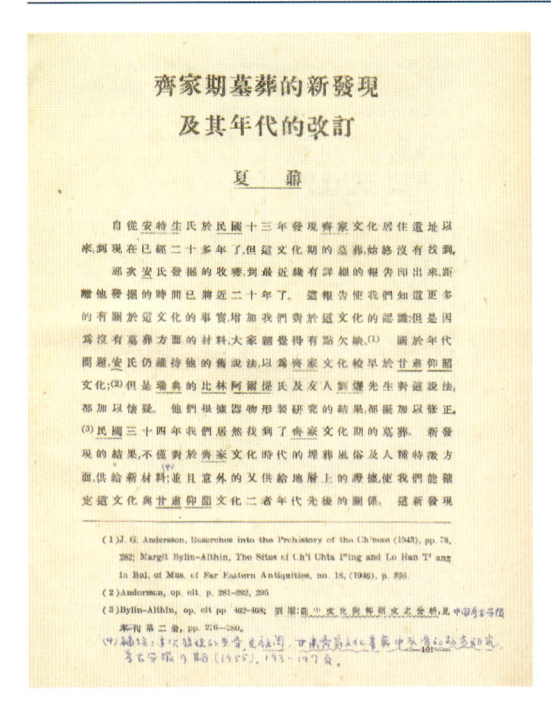

4.18
《齐家期墓葬的新发现及其年代的改订》

夏鼐通过甘肃宁定县阳洼湾的发掘，第一次从地层学上判明甘肃远古文化的相对年代，确认齐家文化晚于甘肃仰韶文化(现称"马家窑文化")。又因临洮寺洼山的发掘，第一次提出中国史前时期的文化系统问题，从而纠正了瑞典学者安特生关于中国史前文化年代序列的误判，这是中国史前考古学科学化的重要标志。文章1948年发表于《中国考古学报》第四册。

4.19
临洮寺洼山A区发掘情形

寺洼山位于甘肃临洮县城南约20公里，位于洮河的西岸。这是1945年4月夏鼐在西北考察期间发掘的一个地点。

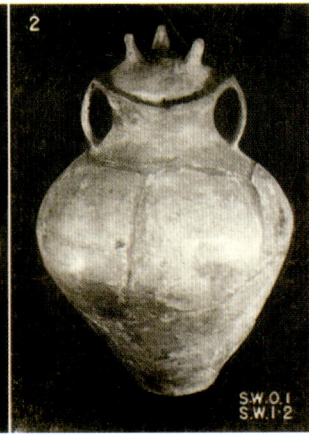

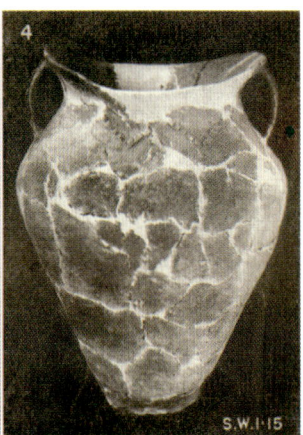

4.20
临洮寺洼山发掘出土的寺洼文化陶器

4.21
发表《临洮寺洼山发掘记》一文

该论文1946年发表在《中国考古学报》第三册。

4.22
嘉陵江四川广元段景观

1945年年末，夏鼐结束在西北的一年多的考察，由兰州乘汽车经陇东、陕南到达四川广元，然后欲乘船由嘉陵江至重庆，再转溯长江到李庄。不料在广元换船后，竟于1946年元月4日河湾场夜泊时，遭遇武装土匪的抢劫，夏鼐随身携带的武威吐谷浑墓出土金饰黑漆马鞍残片等文物标本，以及照相机等公私财物，悉数被劫，所幸人未受到伤害。虽向官方报案，亦未能缉拿匪徒归案、追回失物。所造成的文物标本的损失，令夏鼐痛心不已。

(四)西北考察 成果斐然

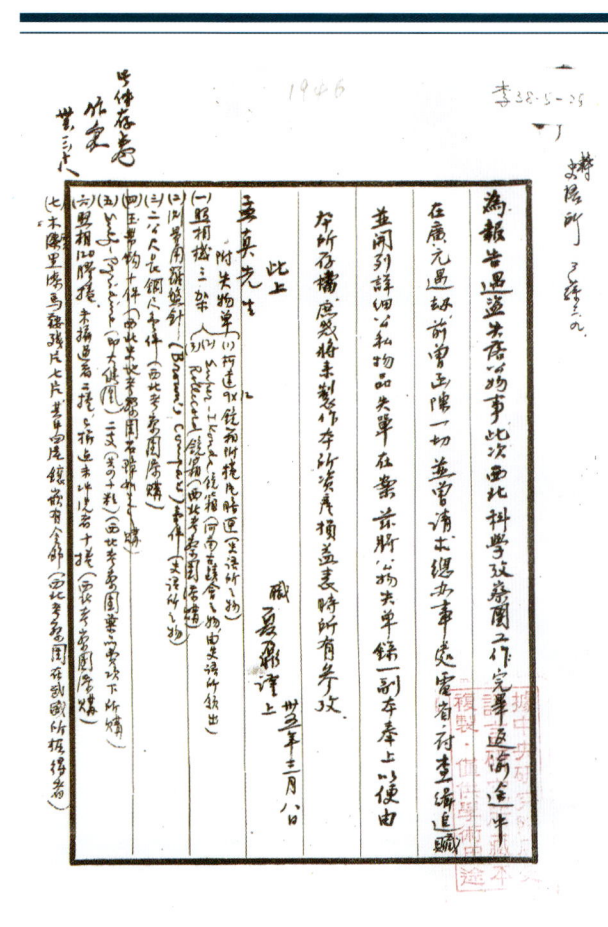

4.23
因被盗失落公物写给傅斯年所长的报告原件

遭劫事件发生后，除向当地政府报案外，夏鼐立即写信向傅斯年所长汇报，其中有损失物品的清单。此信原件现存台北中研院历史语言研究所档案室。

4.24
中央研究院历史语言研究所大楼

1946年年末，中央研究院历史语言研究所从四川李庄迁回南京鸡鸣寺。1947年6月至1948年8月傅斯年所长赴美国医病期间，由夏鼐代理所长职务。
图为南京历史语言研究所的办公大楼。

4.25
代理史语所所务时写给傅斯年所长的信

夏鼐代理史语所所务期间，随时致函傅斯年汇报情况。这封1947年10月20日的信详述自己列席中央研究院评议会会议，讨论提名郭沫若为第一届院士候选人的情形。在会上，夏鼐不顾自己的列席身份，面对朱家骅所言郭沫若"参加内乱与汉奸罪等，不宜列入"，毅然争辩，强调选举院士应"以学术之贡献为标准"，不应以党派关系而加以删除，最后郭氏提名以14票对7票获得通过。原件现藏台北中央研究院历史语言研究所档案室。

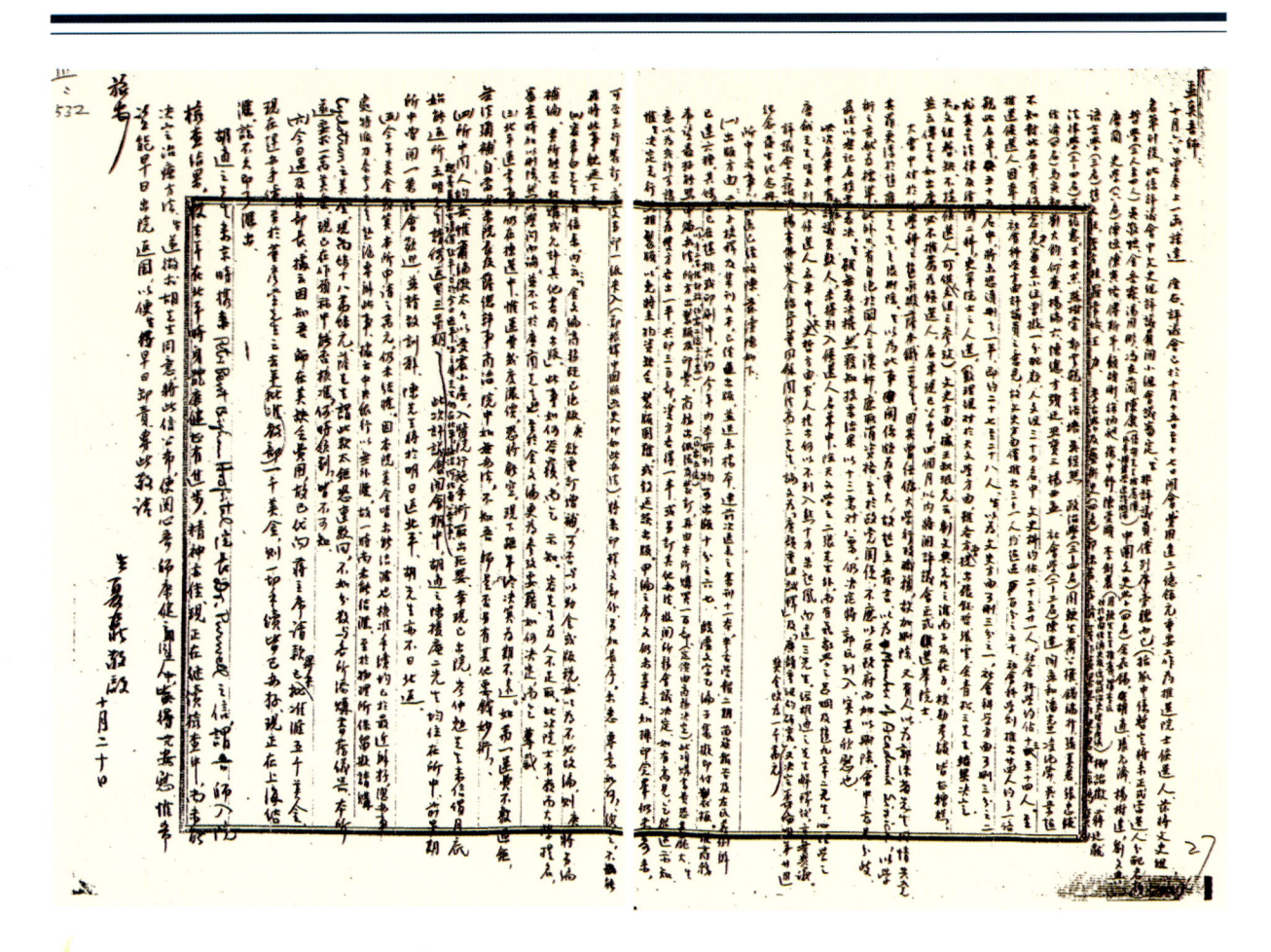

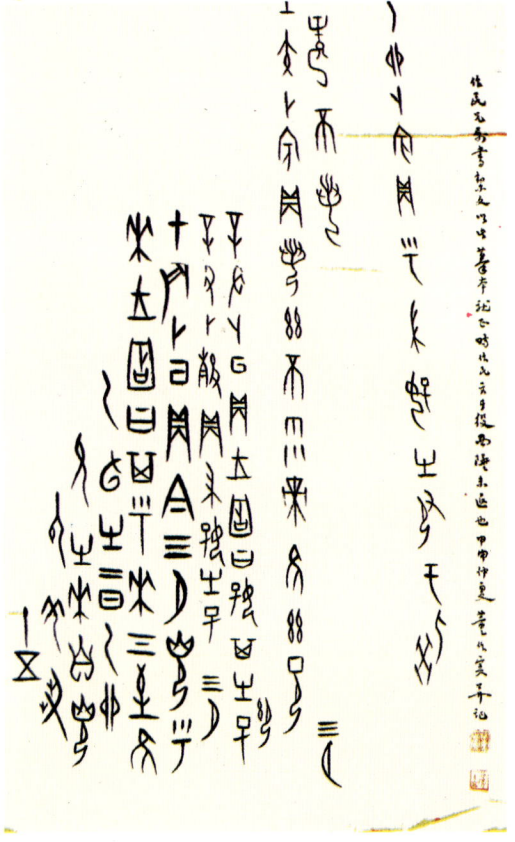

4.26
董作宾书赠甲骨文摹本

1944年夏，董作宾应夏鼐之约写就此甲骨文摹本字幅，当时夏鼐已赴西北考察，1946年回到南京方收到条幅（字幅中将夏鼐的字"作铭"写成"作民"）

(四) 西北考察 成果斐然

4.27 ▲
马衡1946年书赠夏鼐《周公彝》铭文条幅

① 中央研究院社会研究所所长陶孟和1947年2月21日来信
② 中央大学史学系教授缪凤林1947年12月1日来信

4.28 ▲
代理史语所所长职务期间的友人来信

4.29 ▶
游览南京栖霞山，在栖霞寺隋代舍利塔旁

尽管傅斯年对夏鼐有知遇之恩，寄予厚望，要求他押运古物去台湾，但1948年末夏鼐还是脱离历史语言研究所，返回故乡。

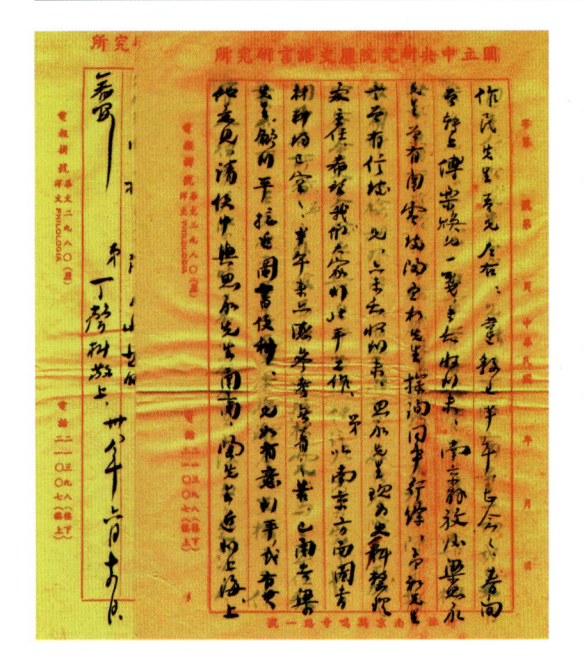

历史语言研究所研究员丁声树1949年6月14日来信，信中将夏鼐的字"作铭"写成"作民"。

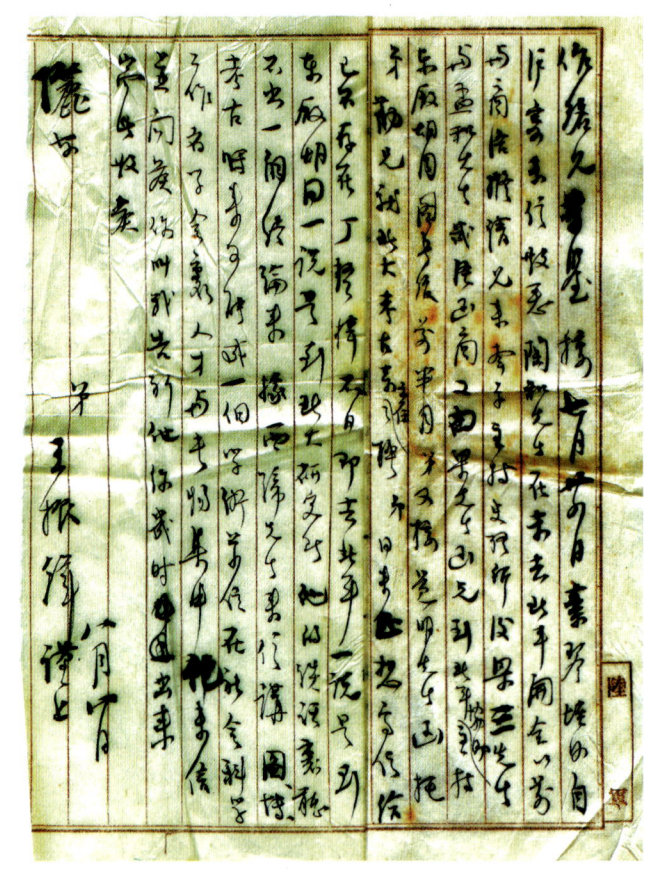

中央博物院专门设计委员王振铎1949年8月8日来信。

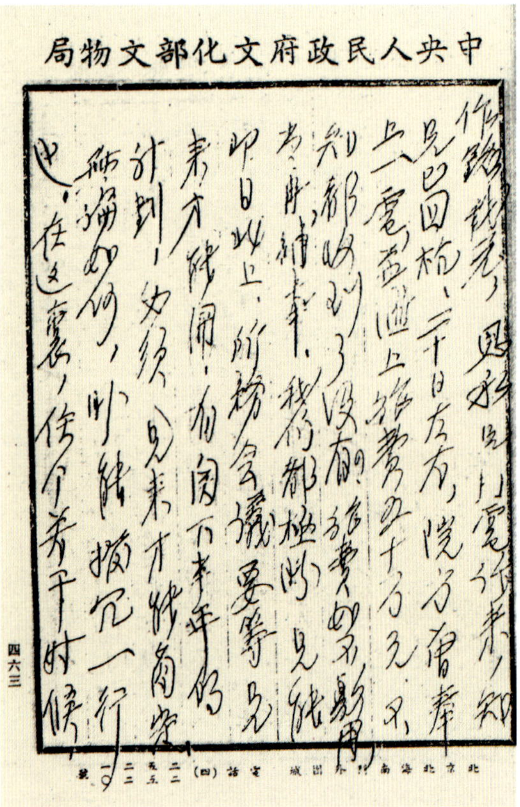

中央文化部文物局局长郑振铎1950年6月27日来信。

4.30 ▲
友人敦促夏鼐来北京工作就职的来信

1949年秋至1950年春，夏鼐在浙江大学人类学系任教，讲授《考古学通论》等课程。其间，先后收到北京友人的屡次来信、来电，恳切地动员他尽早到北京去工作。梁思永要夏鼐主持历史语言研究所北平图书史料整理处。北京大学则聘请夏鼐任教。刚被任命为中央文化部文物局局长的郑振铎先后六次来信，约请夏鼐出任文物局的古物处处长，领导全国的考古发掘工作；最后一封（1950年6月27日）告知政务院已任命郑振铎兼任中国科学院考古研究所所长，梁思永、夏鼐为副所长，促其"即日北上"，以便商定1950年下半年的工作计划。

(四)西北考察 成果斐然

4.31
在浙江杭州玉泉山附近发掘晋墓

1949年冬。

4.32
与浙江大学人类学系师生合影

1950年夏。
夏鼐应邀北上，离开浙江大学前与同事与学生告别。
左四夏鼐，右二石兴邦，左二李㻽。

马王堆汉墓的发掘

广州西汉南越王墓的发掘

中国古代冶金史研究

《中国大百科全书·考古学》卷

《郭沫若全集·考古编》

中国考古学会成立

运筹帷幄 统领全局

考古学家夏鼐·影像辑 五

- 河南辉县考古
- 首次成功剥剔的古代车马坑
- 长沙识字岭战国墓考古发掘
- 长沙识字岭战国墓考古发掘
- 黄河水库地区的考古调查发掘
- 北京明定陵考古发掘
- 中国第一座碳十四测年实验室

运筹帷幄 统领全局

(1950～1985年)

　　中华人民共和国成立后，夏鼐成为领导国家考古研究中心机构的主要负责人，历时三十余年，被誉为中国考古学界的"引路人"和"掌舵人"。新中国成立初期田野考古人员奇缺，夏鼐作为极少数既在国外受过科班训练又能亲临第一线的考古专业人员，积极投入考古队伍的建设，连年为考古训练班学员和北京大学考古专业学生亲自讲授《考古学通论》和《田野考古方法》，手把手地传授各项技术，为国家的考古事业培养了一代业务骨干。他始终强调实事求是的原则，倡导严肃认真的优良学风，并时常亲临考古发掘工地进行现场指导，以提高田野工作的科学水平。在发掘报告和论文的写作、出版过程中，他认真审阅稿件，投入极大的精力。他还从考古发现的实际出发，通过制定考古研究规划和定期总结考古发掘收获，不断开扩参与者的视野，明确中国考古学的基本课题；还将碳十四断代等现代自然科学方法引入考古研究中，加强多种学科研究的协调和对外学术交流，从而极大地推进中国考古学的全面发展。

　　夏鼐本人的学术研究，体现了学识渊博、视野广阔和治学严谨的特点。他不但熟练地掌握了现代考古学的理论、方法和技术，具有丰富的自然科学知识，而且对中国的文献学有很深的造诣，对国内外学术界的研究动态了如指掌，因而在学术研究中的许多方面作出了突出贡献。在史前时期考古方面，他及时规范考古学界对文化命名问题的认识，最早呼吁注意寻找早期新石器遗存，探索中国农业、畜牧业和制陶业的起源，最早提出中国新石器文化的发展并非只有黄河流域一个中心的"多元论"，而且最早根据碳十四年代数据，结合文化内涵和地层证据，全面讨论中国史前文化的谱系问题。特别是晚年提出从考古学上探讨中国文明的起源问题，对于学术发展有深远的意义。他的一系列论著，常常在对学术问题做出独到论断的同时，着重从方法论上给人以深刻的启示，引导人们正确对待文献资料与考古发现的相互结合，特别是对于中西交通史和中国科技史的考古研究两个方面，更作出了具有开拓性的贡献。

5.1
1950年的证件照、政务院任命书

1949年11月5日，中国科学院接收原北平研究院史学研究所和原中央研究院历史语言研究所北平图书史料整理处，酝酿建立考古研究所。1950年5月19日，中央人民政府政务院总理周恩来，根据中国科学院院长郭沫若的提名，任命郑振铎为考古研究所所长，梁思永、夏鼐为副所长，并签发了任命书。1950年8月1日，中国科学院考古研究所正式成立。夏鼐时年40岁，此为政务院的任命书（右）及夏鼐的证件用照片（左）。

5.2 河南辉县考古发掘

1950年10月8日，夏鼐从南方到北京中国科学院考古研究所上任才一个星期，便率领考古所业务人员12人，前往河南辉县的琉璃阁、固围村两地，进行规模较大的示范性发掘。这次活动取得了重要的收获。

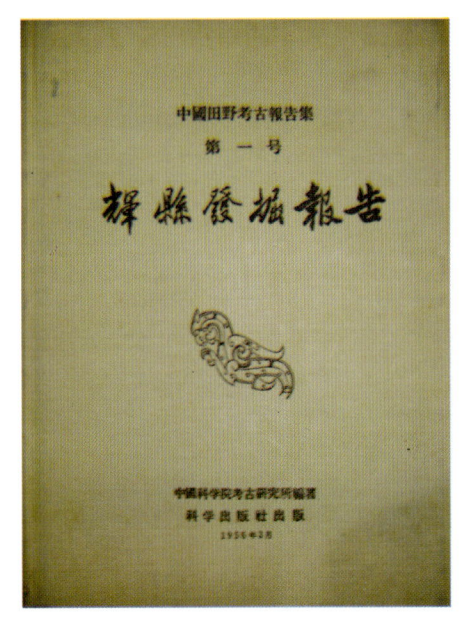

5.2.1
《辉县发掘报告》书影

夏鼐主编并参与编写的《辉县发掘报告》，是中华人民共和国成立后出版的第一本大型考古报告（科学出版社1956年出版）。

5.2.2
辉县发掘队合影

后排右起：石兴邦、王伯洪、马得志、（姓名不详，民工）、安志敏、夏鼐、苏秉琦、郭宝钧、（姓名不详，民工）、徐智铭、魏善臣。前排右起：赵铨、（姓名不详，地方干部）、王仲殊、白万玉、（姓名不详，民工）、（姓名不详，民工）。

(五) 运筹帷幄 统领全局

5.2.3
马头形错金铜车辕饰

辉县固围村1号大墓历史上已遭多次盗掘，大型青铜器物等几乎盗光，出人意料的是在主墓填土中还是出土了精美的错金铜车辕饰。该墓由郭宝钧负责发掘，错金铜车辕饰取出后，夏鼐曾亲自加以清理。
(照片采自《辉县发掘报告》。)

5.2.4
首次成功剥剔的琉璃阁战国车马坑

古代墓葬的车马坑中的木制马车，由于长时间的埋藏，其木质结构早已腐朽，夏鼐冒着"数九"的严寒，坚持蹲在用火盆烤化冻土的车马坑里，手持三角小铲一点一点地将19辆车子的原来结构剥剔出来。这是国内考古发掘中首次成功地发掘古代木车，被国际考古学界誉为战后田野考古方法的一项新的进步，也为后来大量发现木车等文物的清理提供了宝贵经验。
(照片采自《辉县发掘报告》。)

5.2.5
战国木车模型

在夏鼐的亲自指导下，根据辉县琉璃阁发掘情况复原的战国木车模型之一。
(照片采自《辉县发掘报告》。)

5.3 长沙考古发掘

为抢救湖南长沙近郊遭严重盗掘的战国和两汉墓葬,夏鼐于1951年秋季率领发掘队前往湖南长沙进行为期三个月的抢救性发掘。此次发掘后,在夏鼐的主持下,对160多座墓葬进行了分期断代研究,从而初步揭示长沙地区战国、两汉时期墓葬的演变过程。同时还成功地进行汉代交通工具车、船模型的复原。

5.3.1 ◀
长沙识字岭战国墓考古发掘现场

(照片采自《长沙发掘报告》。)

5.3.2 ▲
长沙战国墓出土漆盾

(照片采自《长沙发掘报告》。)

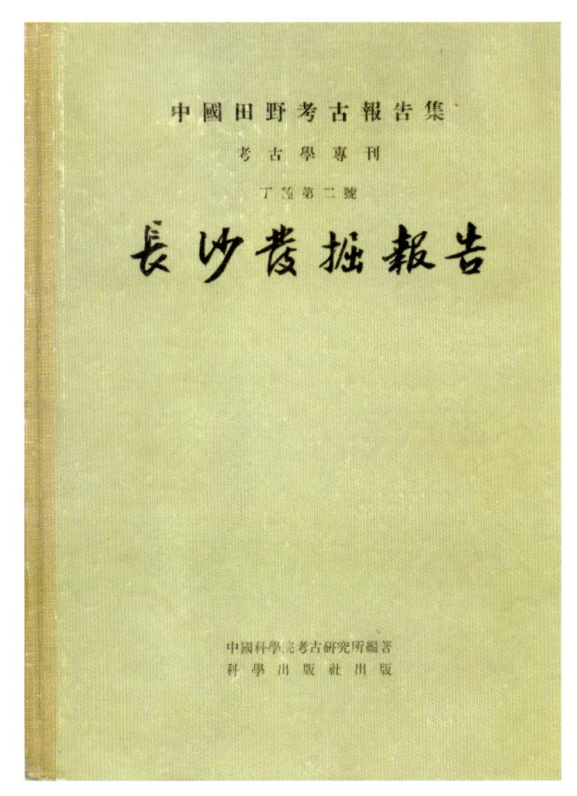

5.3.3 ▲
主编并参与编写的《长沙发掘报告》

(科学出版社 1957 年出版)

5.3.4 ◀
长沙汉墓出土汉代轺车复原模型

(照片采自《长沙发掘报告》。)

5.3.5 ◀
长沙汉墓出土汉代木船复原模型

(照片采自《长沙发掘报告》。)

5.4 ▶
积极投入国家考古队伍的建设

为培养国家急需的田野考古人员，夏鼐在1952-1956年连续为全国考古工作人员训练班和北京大学历史系考古专业讲授《考古学通论》及《田野考古方法》；1956年，又为新疆维吾尔自治区和中国科学院考古所内部的训练班讲课。他告诫大家，考古工作的成绩主要不是看你发掘出什么东西，而是看你用什么方法发掘出这些东西，切忌有"挖宝"的想法。图为1952年8月，第一届考古工作人员训练班开学典礼合影(局部)。第二排左起：陶孟和、沈雁冰、郭沫若、郑振铎、裴文中、郑天挺、夏鼐、张政烺、启功、韩寿萱、尹达、郭宝钧。

5.5 参与制定国家科学发展远景规划

1956年，作为副所长的夏鼐与兼任中国科学院考古研究所所长的郑振铎一道，主持制定中国考古学发展的远景规划，从学科发展的需要出发，统筹和指导全国各地的田野考古工作。

5.5.1 ◀

1956 年 6 月 14 日，毛泽东等中共与国家领导人接见参加"全国科学规划会议"的科学家（夏鼐在三排右五）

5.5.2 ▶

被任命为中国科学院哲学社会科学部学部委员

中国科学院哲学社会科学部于 1955 年 6 月成立，包括 6 个属于人文社会科学领域的研究所。考古研究所即为其中之一，以后又陆续建立了一批人文社会科学研究机构（1977 年 5 月，中央批准将中国科学院哲学社会科学部学部改名为中国社会科学院）。1955 年 6 月，中国科学院召开学部成立大会时，夏鼐被任命为 61 人的哲学社会科学部学部委员之一（1957 年 5 月起为常务委员）。右为哲学社会科学部的学部委员名单。

中国科学院哲学社会科学部委员名单

（按姓氏笔画排列）

丁声树	于光远	千家驹	马叙伦	马寅初
尹达	王力	王亚南	王学文	邓拓
冯至	冯定	冯友兰	艾思奇	刘大年
向达	吕叔湘	吕振羽	汤用彤	许涤新
何其芳	吴晗	吴玉章	张如心	张稼夫
李达	李俨	李亚农	杜国庠	杨树达
杨献珍	沈志远	狄超白	陈垣	陈伯达
陈寅恪	陈望道	陈翰笙	周扬	季羡林
罗常培	范文澜	茅盾	郑振铎	金岳霖
侯外庐	胡绳	胡乔木	骆耕漠	夏鼐 ◀
郭大力	郭沫若	钱俊瑞	陶孟和	黄松龄
鲍尔汉	潘梓年	翦伯赞	黎锦熙	薛暮桥
魏建功				

5.6 领导黄河水库地区的考古调查发掘工作

为配合国家治理黄河水患、开发黄河水利的规划，做好黄河水库地区的发掘清理，文化部和中国科学院于1955年秋联合组成黄河水库考古工作队，由夏鼐兼任队长，集中各地文物工作单位和科学院考古所的近百名田野工作人员，在黄河三门峡（豫、晋交界处）、刘家峡（甘肃）水库地区，开展大规模的考古调查发掘工作，工作队足迹遍布豫、陕、晋、甘四省。仅第一个月即发现仰韶、龙山、殷周、汉、唐等古代遗迹262处。另外还调查了山西元代著名建筑永乐宫，该建筑以保存了大量精美巨大的壁画而闻名于世，工作队为后来永乐宫的迁移作了充分的前期工作。1955年秋和1956年春的调查工作，以及随后在三门峡地区进行的发掘，取得了丰富的考古收获，也进一步培训了各地的考古干部。

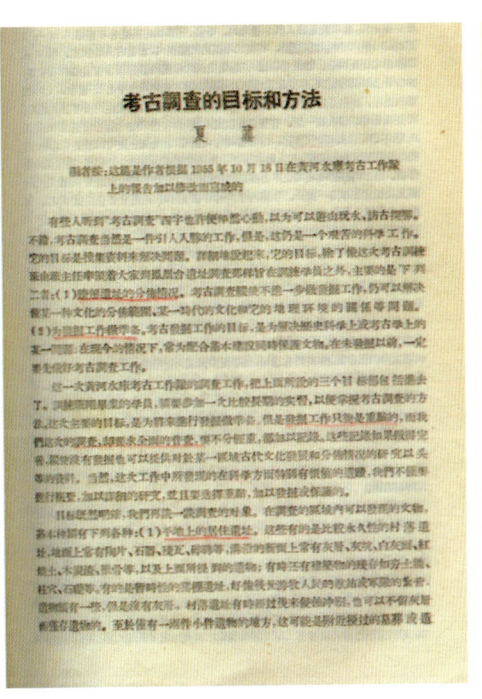

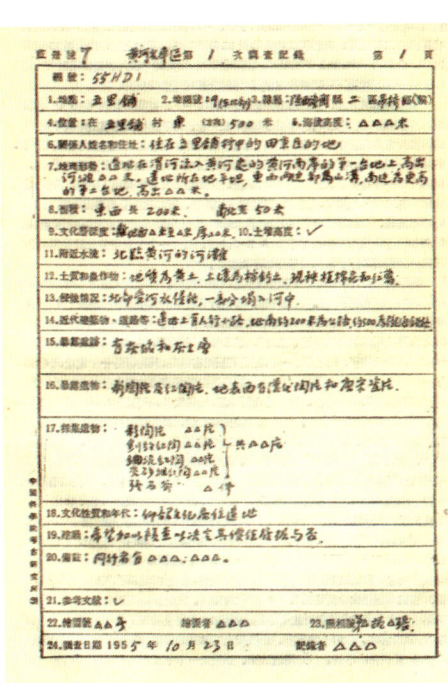

5.6.1 ▶
夏鼐为三门峡水库调查工作队作的《考古调查的目标和方法》报告篇首（左）和设计的考古调查表格（右）

1955年10月，黄河水库考古队人员出发赴三门峡水库地区调查前，夏鼐为队员作了题为《考古调查的目标和方法》的指导性报告，亲自设计调查表格并且作了填写示范。

5.6.2 ▶
河南三门峡庙底沟遗址发掘现场。

（照片采自《庙底沟与三里桥》。）

5.6.3
三门峡虢国墓出土兽形铜豆

(照片采自《上村岭虢国墓地》。)

5.6.4
三门峡漕运栈道遗迹及其中年代最早的东汉和平元年（公元150年）题刻拓片

(照片采自《三门峡漕运遗迹》。)

5.6.5
审阅定稿的"黄河水库"的三部考古报告

1956-1958年，在夏鼐的领导下，由安志敏负责发掘庙底沟与三里桥史前遗址，林寿晋负责发掘上村岭虢国墓地，俞伟超负责勘察三门峡漕运遗迹，都取得重要的学术成果。图为三部考古报告（均为科学出版社1959年出版）。

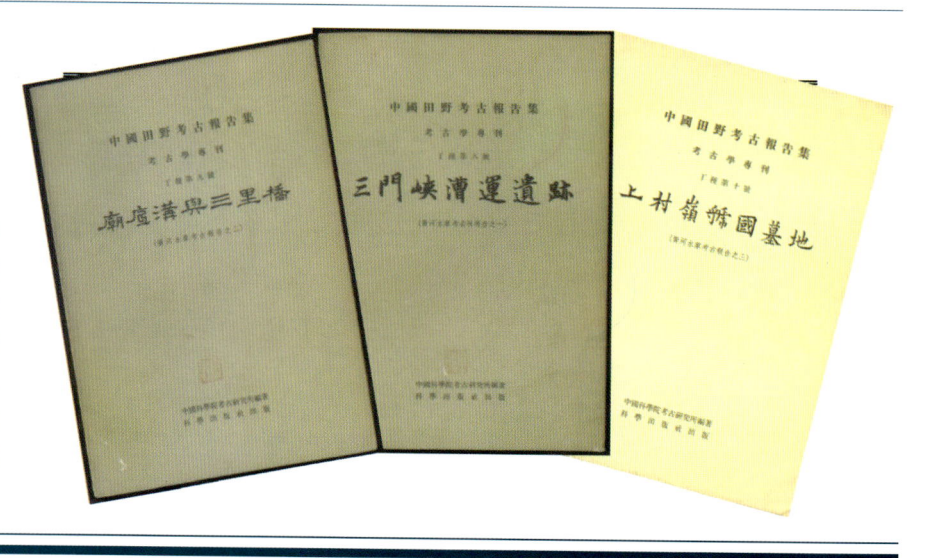

5.7 ▶
与考古研究所的老专家合影

时为1957年5月。左起苏秉琦、徐旭生、黄文弼、夏鼐、许道龄、陈梦家（原本有郭宝钧，因病缺席）。

5.8 北京明定陵考古发掘

北京昌平明定陵地下宫殿的发掘，是20世纪50年代世人瞩目的一项大规模考古发掘，发掘规模宏大，出土文物珍贵且种类繁多。夏鼐为保证发掘的成功，呕心沥血，每逢发掘的关键时刻，他都前往现场进行具体指导。特别是清理万历帝后棺内文物时，在阴暗潮湿的墓穴中，夏鼐忍着病痛，匍匐棺口，耐心地观察、清理和提取文物，详细地进行记录，使腐朽散乱的冠冕等物，得以重现原先的辉煌。由于半个多月连续在地宫中的紧张工作和辛劳，以致他胃溃疡复发，被迫住进医院疗养了五个多月。

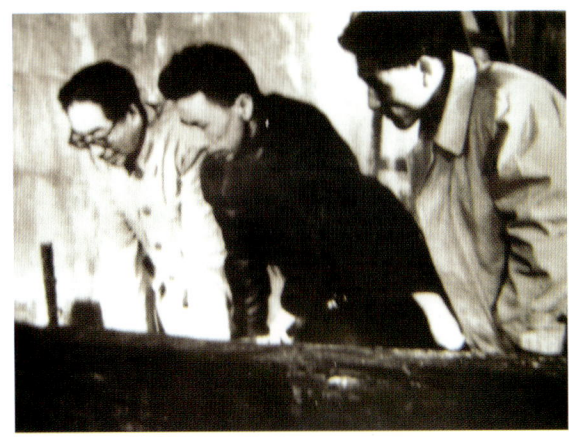

5.8.2 ▲
陪同郑振铎等观察万历帝棺内文物

左为郑振铎（时任文化部副部长兼考古所所长），中为夏鼐，右为新闻记者，姓名不详。

5.8.1 ▲
定陵皇后棺内出土的凤冠

此凤冠刚出土时，已完全散落变形。经夏鼐的努力，成功地将它提取出来，后根据他对凤冠出土状态的详细记录，完整地加以复原，凤冠的夺目风采得以再现。（照片采自《定陵》）

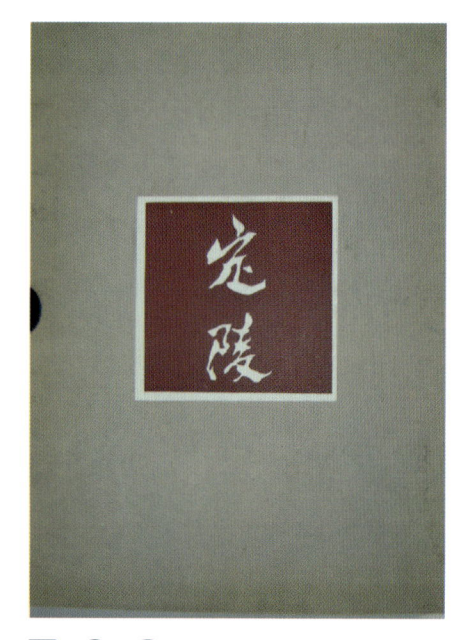

5.8.3 ▲
指导编撰的发掘报告《定陵》

定陵发掘结束后,在原址建立了定陵博物馆,成为一个国内外著名的旅游景点。但由于种种原因,定陵发掘报告的编写却迟迟未能着手,一直到"文化大革命"结束后,在夏鼐的一再督促下,编写报告工作才得以上马。夏鼐经常抽出时间,亲临定陵发掘工作队驻地,进行视察和指导。该报告在1986年完成出版,并在国内外发行。此时距夏鼐逝世已将近一年,如果他地下有知,当会感到欣慰。

5.8.4 ▲
亲手清理万历帝棺内文物

1958年。

5.8.5 ▲
陪同郭沫若视察定陵地宫

右起夏鼐、郭沫若(时任中国科学院院长)、王廷芳(时任院长秘书)。

5.8.6 ◀
陪同越南国家主席胡志明参观定陵明楼

右起胡志明、夏鼐。

（五）运筹帷幄 统领全局

5.9 ◀
陕西西安半坡遗址发掘现场

5.10 汉唐长安城考古

5.10.1 ◀
汉长安未央宫椒房殿遗址

5.10.2 ▲
视察长安城遗址（1961年）

夏鼐（左二）在长安城遗址视察工作，左一为王仲殊。

5.10.3 ◀
唐长安大明宫麟德殿遗址

083

5.11
北京元大都民居遗址

1965年为修建北京地下轨道交通（"地铁"）而拆除北京明城墙北墙时，在后英房发现压在城墙下面的元大都民居遗址。应时任北京副市长吴晗之邀，夏鼐曾陪同到现场视察。这可能是两位清华大学校友的最后一次晤面。

5.12 指导马王堆汉墓的发掘

1972年，长沙马王堆1号汉墓的发掘开始后，夏鼐当即派遣中国科学院考古研究所的三位技术人员，与湖南省博物馆人员一道，进行田野发掘和室内清理。后又派遣另两位得力的中年研究人员，对初步完成的发掘报告进行大幅度修改；派遣四位娴熟的绘图人员，协助绘制大量出土文物的线图。1973年年末发掘马王堆2、3号墓时，夏鼐不仅参与制订发掘计划和实施方案，而且在发掘现场进行了具体指导。

5.12.1
在马王堆3号汉墓发掘现场

站立者左起高至喜、夏鼐、王㐨，其余为发掘工人。

5.12.2
在马王堆女性古尸解剖问题座谈会上

与华国锋（右一，时任湖南省革命委员会主任，相当于省长）、王冶秋（中，时为国务院"图博口"负责人）一起交谈。（照片为湘雅医学院彭隆祥教授提供。）

5.12.3
与解剖古尸的主刀大夫彭隆祥交谈

左为夏鼐。（照片为彭隆祥教授提供。）

(五) 运筹帷幄 统领全局

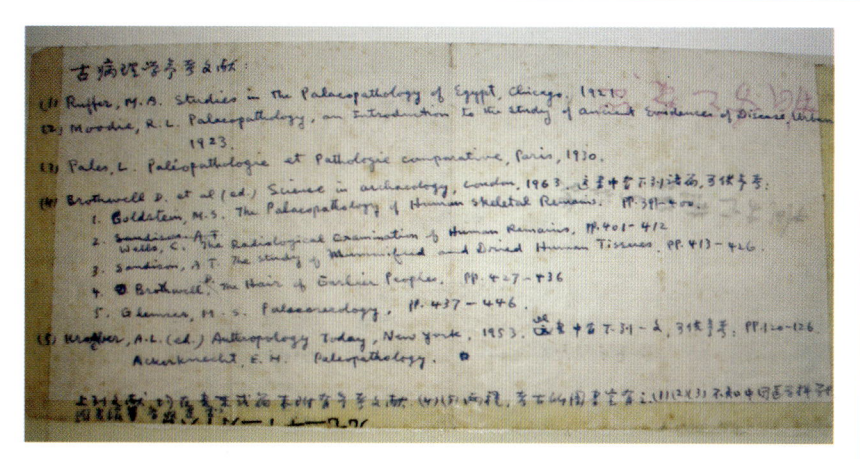

5.12.4
手书的古病理学外文著作书目

湖南医学院教师彭隆祥最初承担马王堆女尸解剖任务时,对古病理学所知甚少,夏鼐鼓励他在实践中学习,并为他开列"古病理学参考文献"的书目,使他得以顺利地完成女尸研究任务。后来,彭隆祥已是国内外知名的古病理学家。
(此便条为彭隆祥教授保存并提供。)

5.12.6
马王堆一号汉墓出土的超薄素色纱衣

(照片采自《长沙马王堆一号汉墓》)

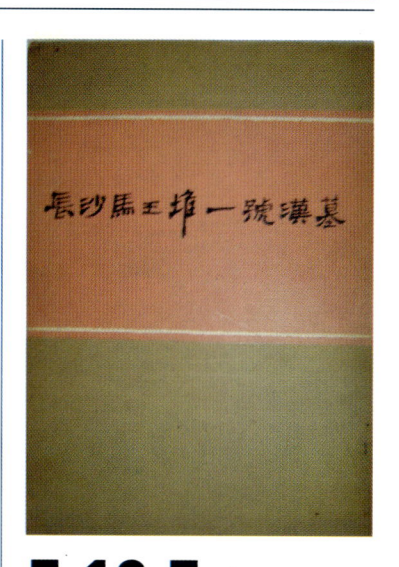

5.12.5
审阅定稿的《长沙马王堆一号汉墓》报告

马王堆1号汉墓发掘结束后,夏鼐亲自指导发掘报告的编写工作,逐字逐句审阅这部考古报告的修改稿,直到全部定稿。这是1966年"文化大革命"发生后国内出版的第一部大型考古报告(文物出版社1973年10月出版)。

5.13 指导广州西汉南越王墓的发掘

广州象岗山西汉南越王墓是20世纪80年代初的重大考古发现，由广州市文物管理委员会、中国社会科学院考古所和广东省博物馆共同进行发掘。1983年9月中旬，当发掘工作进行至打开主后室墓门的关键时刻，年逾七旬的夏鼐从北京赶到发掘工地，深入地下的墓室，对棺椁遗物清理工作，特别是对玉衣的起取，进行具体指导，从而保证了玉衣的顺利复原。

5.13.1 ▲
在南越王墓墓室内视察

左起：徐恒彬、夏鼐、王廷芳，右一：沈竹。背景为麦英豪。

5.13.2 ▲
在南越王墓墓室玉衣发掘现场指导起取工作

夏鼐身后为杜玉生、王廷芳。

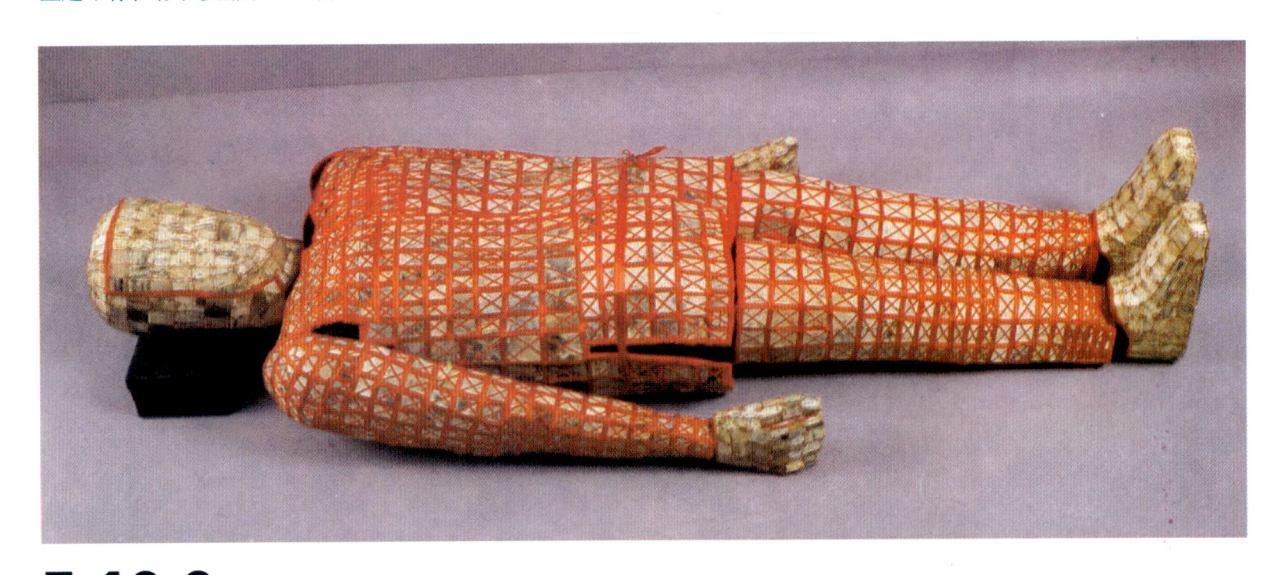

5.13.3 ▲
复原后的南越王墓出土玉衣

（照片采自《西汉南越王墓》。）

5.14 建立中国第一座碳十四测年实验室，以应考古研究的迫切需要

夏鼐十分重视在考古研究中应用现代自然科学方法。1955年，他在美国科学家发表关于碳十四断代法的专著之后不久，便敏感地认识到这种方法的重要意义，在《考古通讯》上发表介绍文章，呼吁早日建立中国自己的实验室，以适应中国考古学研究的迫切需要。由于夏鼐的远见卓识和多方筹划，中国科学院考古研究所采取艰苦奋斗、自力更生的办法，于1965年建成中国第一座碳十四实验室，并在全国同类实验室中长期居于领先地位，对中国考古学研究，特别是对史前考古学研究，发挥了非常显著的推进作用。

5.14.1 ▲
在《考古通讯》上发表介绍碳十四测年的文章

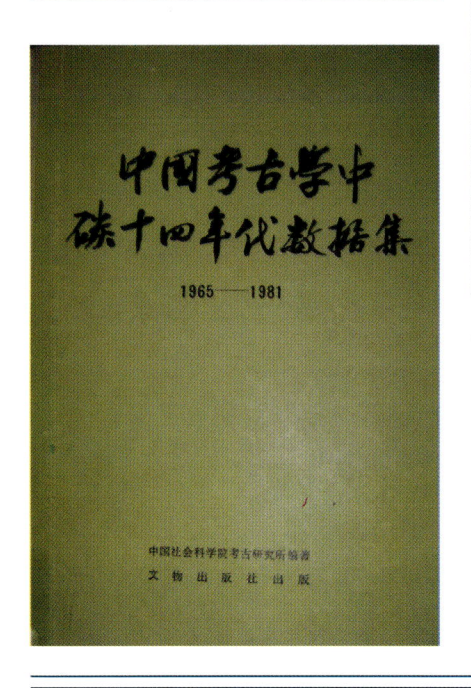

5.14.2 ▼
指导建立全国第一座碳十四测年实验室

随着中国科学院考古研究所实验室的碳十四测年数据越来越多的公布，吸引了众多国内外的有关学者前来参观。该实验室成为中外考古学科技交流的一个窗口。夏鼐（左）陪外国同行参观考古所实验室的实验装置。

5.14.3 ◀
为《中国考古学中碳十四年代数据集》（1965～1981）题签

（文物出版社1983年出版。）

5.15
对中国史前时期考古研究作出重要贡献

5.15.1 ▲
三篇重要论文：《关于考古学上文化的定名问题》、《新中国的考古学》、《碳-14测定年代和中国史前考古学》

(1)《关于考古学上文化的定名问题》发表于1959年。该文规范考古学界对这一问题的认识，推进了考古研究的健康发展，尤其是对中国新石器文化的时代分布、类型和分期问题的研究有重要的指导作用。

(2)《新中国的考古学》发表于1962年。该文论述中国考古学的基本课题，提出中国新石器文化的发展并非只有黄河流域一个中心的多元思想。

(3)《碳-14测定年代和中国史前考古学》发表于1977年。文章第一次根据已经公布的碳十四年代数据，结合文化内涵和地层证据，全面讨论中国史前文化的谱系问题，进一步论证中国史前文化发展的"多元说"。

5.15.2 ▲
《中国文明的起源》的日文和中文版本

1983年3月应日本NHK广播协会邀请，夏鼐在日本作了三次公开讲演。其中第三次的题目是《中国文明的起源》，并成为出版时的书名。

——— （五）运筹帷幄 统领全局 ———

5.16 以考古学方式研究中西交通史和中国科技史

夏鼐对中西交通史和中国科技史的考古学研究极为重视，也曾作出了开拓性的贡献。

中西交通史方面，他曾经对中国各地出土的外国古代钱币、丝织品以及其他文物，进行详细的考察。所作研究，既包括汉唐时代中国通过陆上"丝绸之路"与中亚、西亚，特别是与波斯、东罗马在经济和文化上的联系，提出"中西交通路线"的创见；又包括海上交通和古外销瓷器等问题。有关柬埔寨古代社会生活的《真腊风土记校注》一书，更是佳作。

中国科技史方面，他根据各种考古资料，运用考古学方法，深入探讨中国古代科学技术领域中纺织、天文、冶金和其他方面的辉煌成就。在充分肯定这些成就对世界文明所作贡献的同时，坚持实事求是的原则，反对不切实际的虚夸。为中国的考古工作赢得了世界学术界的赞许和信誉。

5.16.1 ▲
考察江陵马砖 1 号楚墓出土的战国丝织品。

1982年4月夏鼐（左）在湖北荆州地区博物馆。

5.16.2 ▲
稽考中国各地出土的波斯萨珊朝银币

1978年。

5.16.3 ▲
波斯萨珊朝银币。

5.16.4
有关《真腊风土记校注》

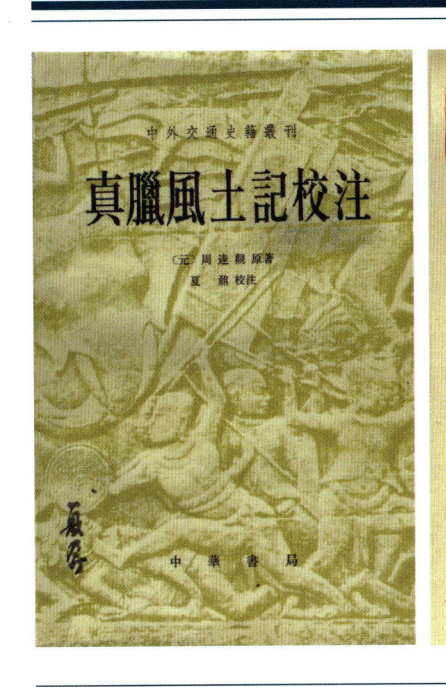

元代周达观的《真腊风土记》是一本记载柬埔寨吴哥时代作者亲历的著作。因周达观为温州籍先贤，夏鼐对这本古籍进行全面校勘和缜密注释。他以数十年的积累，收集十多种刊本、抄本，以及中外学者的有关论著，博采众说，择善而从，使之成为目前此书最好的校注本子，1981年由中华书局出版。充分反映了夏鼐在文献考据方面的功力。

图左为封面，右为夏鼐在自存的"工作本"上，根据新资料作的增补改动。

5.16.5
中国古代冶金史研究论文

夏鼐关于中国冶金史研究的论文主要有《晋周处墓出土的金属带饰的重新鉴定》、《〈河北藁城台西村的商代遗址〉读后记》等。20世纪50年代有关机构对江苏宜兴晋代周处墓出土的金属带饰，当时鉴定结论为铝制，引起国内外的广泛关注。夏鼐对此持有疑异，不断对带饰进行一再鉴定。1972年，他重新取样并采用几种不同的现代物理测试方法进行重新鉴定，终于确认全部带饰材质都是银而不是铝，纠正了考古学和冶金科学史上的一次误判及可能造成的不良影响。20世纪70年代，一件藁城县台西村遗址出土的铁铜钺的铁刃，被鉴定为人工冶炼的熟铁，按此结论中国古代的炼铁起始年代可以提前数百年。夏鼐邀请钢铁专家柯俊教授，采取多种现代化手段进行分析研究，最后确认铁刃并非人工冶炼的熟铁，而是用陨铁锻制而成，从而又一次纠正了冶金科技史上可能出现的一个错案。

5.16.6
对古代丝织品的研究

夏鼐是中国学术界根据考古资料进行纺织史研究的先驱。先后发表有《新疆新发现的古代丝织品——绮、锦和刺绣》、《我国古代蚕、桑、丝、绸的历史》等文章。他通过新疆民丰、吐鲁番两地发现的汉唐丝织品的残片和照片,参考其他地方出土的有关资料,考察汉唐时代绮、锦和刺绣的织造工艺与图案纹样,附带讨论中西交通史上的问题。夏鼐除对新疆丝织品放大照片进行观察外,还亲自动手,在灯下用丝线揣摩分析织锦的织造方法,为后来的研究开辟了通路。当70年代马王堆汉墓出土的大量丝织品后,委托专业纺织科研单位进行工艺考察时,没有接触过古代丝绸的科研人员,便是从认真学习夏鼐的论文入手,然后进行文物标本的分析。

图为论文(左下)
汉代三色织锦新疆民丰县北大沙漠东汉墓出土的"万世如意"三色织锦(局部)(右上)。根据夏鼐手绘草图清绘的汉代三色织锦的织造图局部(右下)。

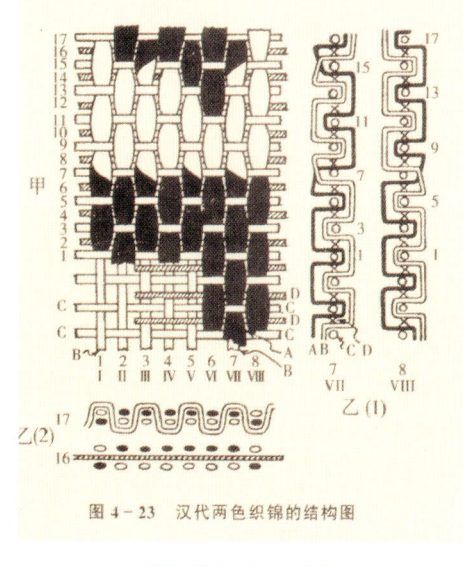

结构织造图(局部)

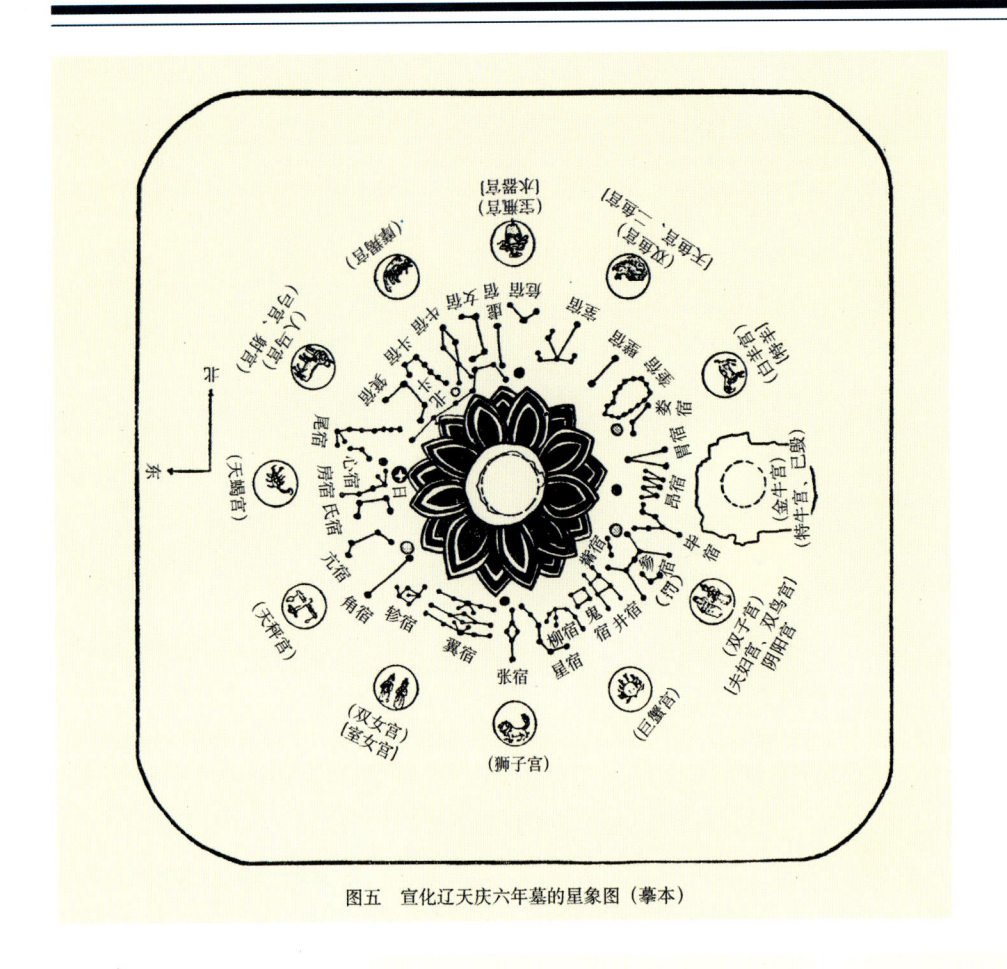

图五 宣化辽天庆六年墓的星象图（摹本）

5.16.7 ▲
中国古代天文学史的研究论文及插图

夏鼐先后发表了《洛阳西汉壁画墓中的星象图》、《从宣化辽墓的星图论二十八宿和黄道十二宫》、《另一件敦煌星图写本——〈敦煌星图乙本〉》等文章。他着重从方法论上指出，首先要明确这类壁画墓中的星图，都不是由古代天文学者绘制的比较准确的真实星图，而是画匠笔下的象征性和装饰性的星图；其次是认识中国古代天文学体系的特点，并与时代相近的可靠文献资料进行对比。图为前两篇论文及插图。

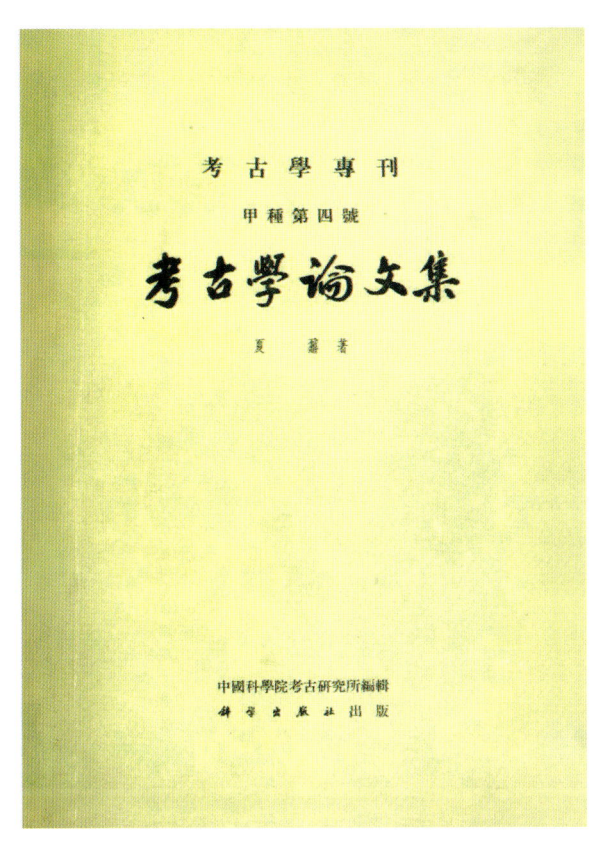

5.17
自订出版的论著

《考古学论文集》(1961年)、《考古学和科技史》(1979年)及《中国考古学研究》论文集（日文译本，1981年出版）

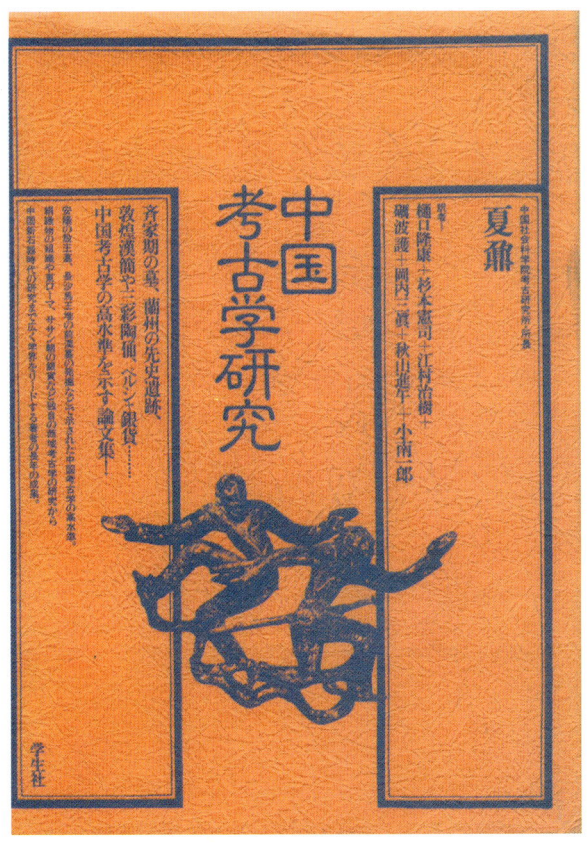

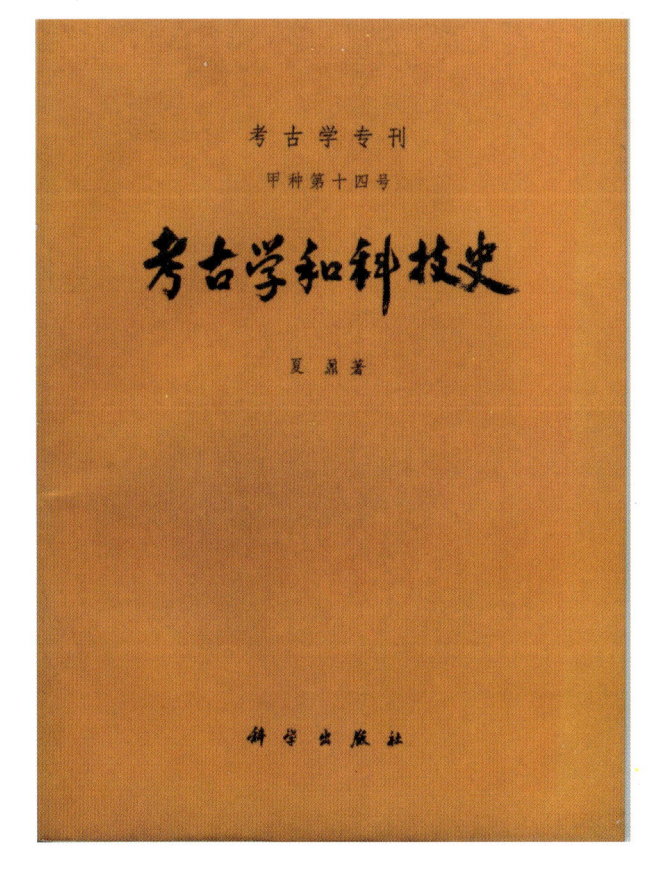

5.18
负责《郭沫若全集·考古编》的编辑工作

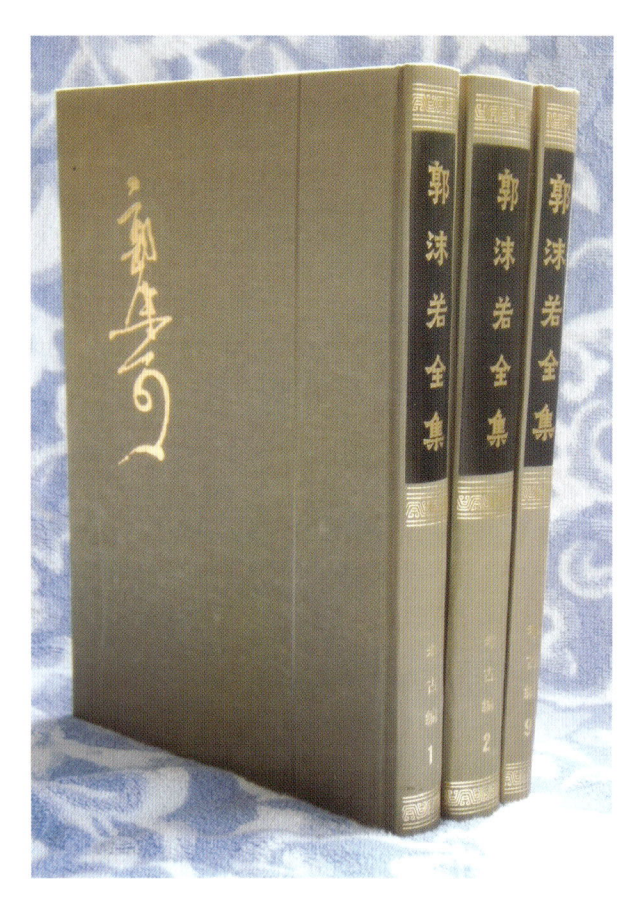

5.18.1 ◀
《郭沫若全集·考古编》书影

5.18.2 ▼
郭沫若著作编辑出版委员会会议出席者合影

1978年10月27日摄于北京政协礼堂东大厅。
前排左起钱三强、冯乃超、李初梨、宗白华、周扬、成仿吾、夏衍、李一氓、茅以升、于立群；二排左起曹禺、楼适夷、冯至、林默涵、沙汀、林林、王平凡、夏鼐、尹达、陈荒煤。

5.19 主持编撰《中国大百科全书·考古学》卷

《中国大百科全书·考古学》卷是夏鼐生前主持编写的最后一部综合性论著，由中国社会科学院考古研究所和其他考古机构的 120 多位学者执笔，收录 1005 个条目，共计 202 万字，全面介绍考古学科的各项基础知识。该书对中国考古研究的已有成果进行了系统的总结。它的出版，在中国考古学的发展史上具有重要的里程碑意义。夏鼐不仅精心设计全书的框架结构，确定各分支的具体条目，审阅重点稿件，而且亲笔撰写考古学的总论条目。他为此书的编辑出版付出了极大的心血和精力，甚至在出国访问就要上飞机的时刻，也要抓紧时间修改书稿，让人转交编辑组。就在突发脑溢血被紧急送往医院抢救的前一刻，夏鼐还正在家中审阅《中国大百科全书·考古学》卷的稿件。夏鼐把自己生命的最后一刻贡献给了这部书的出版工作。夏鼐生前，该书未能正式出版。1986 年 8 月该书出版，距夏鼐去世已一年多。

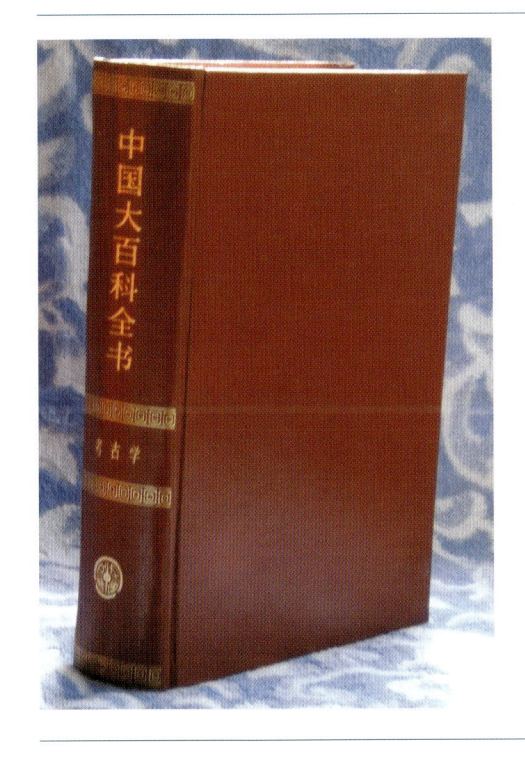

5.19.1
《中国大百科全书·考古学》书影

5.19.2
《中国大百科全书·考古学》卷分编委会扩大会议与会者合影

1983 年 4 月 19 日。
前排左起：王振铎、苏秉琦、姜椿芳、夏鼐、张友渔、贾兰坡、林志纯、安志敏、宿白；二排右起：刘加乾、石兴邦、石磊、佟柱臣、王世民、吕遵谔、黄展岳、殷玮璋、邵望平；第三排右起：徐苹芳、张广达、张长寿、朱龙华、卢兆荫、杨泓；第四排右起：翟德芳、莫润先、胡人瑞。其余为中国大百科全书出版社人员。

5.20 主持编写考古学论著及考古书刊出版工作

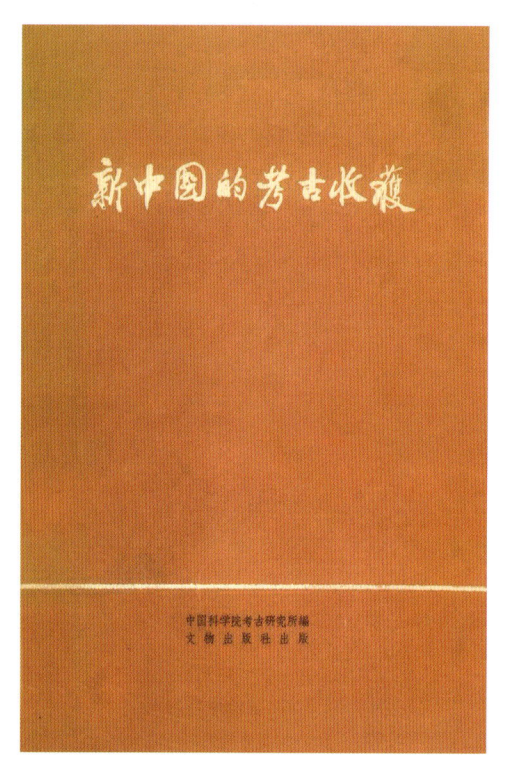

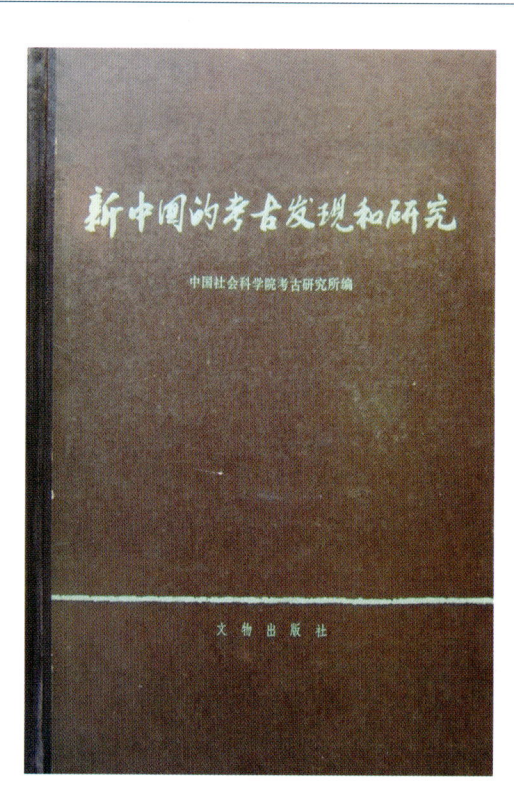

5.20.1 ▲
《新中国的考古收获》和《新中国的考古发现和研究》

夏鼐领导和主持中国科学院考古所于20世纪60年代初，编写了《新中国的考古收获》（文物出版社1962年版）一书，对中华人民共和国成立十年来各个时期的考古工作收获，进行初步的归纳与分析；80年代初，又编写了《新中国的考古发现和研究》（文物出版社1984年版）一书，以断代和专题为纲，对中华人民共和国成立三十多年的考古研究成果，进行较为深入的全面总结。两书均为综合性论著，它们的出版曾在国内外学术界产生较大的影响。

5.20.2 ▶
《殷周金文集成》书影

此书是中国科学院考古研究所人员在夏鼐指导下，依靠三四十年的资料积累，用十多年的时间编纂而陆续出版的大型资料汇编类图书。该书将历代书刊著录、各地发掘出土，以及国内外博物馆收藏的殷周有铭铜器，剔去伪器和重复，全部加以收录。全书共18册，1984－1994年中华书局陆续出版，收录器铭将近1.2万件；附有器铭的出土、著录和收藏情况。此书前言为夏鼐撰写。这是目前最具权威性的铜器铭文集录，出版后荣获国家优秀图书奖等多种奖项。

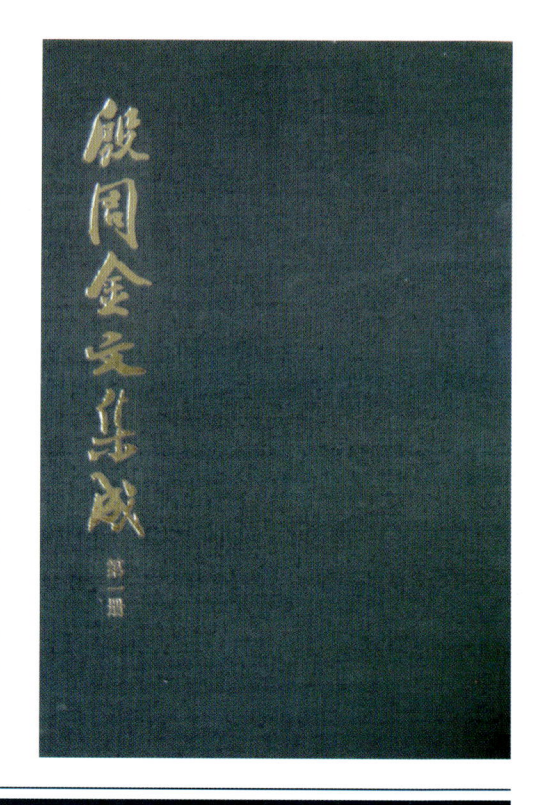

5.20.3
考古期刊的编辑出版

夏鼐主政考古研究所期间，不仅全面负责学术研究，而且亲自主持专业书刊的编辑工作，严格把关、避免失误。考古所出版的各种考古学专刊，大部分在发稿前经过他的详细审阅。《考古学报》（1936年创刊）和《考古》（1955年创刊）两种刊物的文稿、外文目录和提要，也都在出版前由夏鼐或审阅原稿，或审阅清样。正因为夏鼐坚持严谨的学风和求实的精神，考古所的学术刊物和田野发掘报告，多年来保持了高质量、高水平。图为历年出版的部分《考古学报》和《考古》。

审阅时间	书　名	作　者
1953年10月	汉魏南北朝墓志集释	赵万里
1955年3月	泉州宗教石刻	吴文良
1955年7-8月	殷虚卜辞综述	陈梦家
1955年8月	望都汉墓壁画	北京历史博物馆
1956年1月	汉石经集存	马　衡
1956年5-6月	埃及古代史(译稿)	
1956年6月	白沙宋墓	宿　白
1956年11月	塔里木盆地考古记	黄文弼
1957年6月	郑州二里冈	安金槐
1957年6-7月	洛阳中州路	苏秉琦、安志敏、林寿晋
6-7月	洛阳烧沟汉墓	蒋若是
10月	浙江新石器时代文物图录	浙江省文管会、博物馆
10月	江苏徐州汉画像石	江苏省文管会
12月	山彪镇与琉璃阁	郭宝钧
1958年3-4月	三门峡漕运遗迹	俞伟超
1959年2月	埃及考古学(译稿)	
5月	庙底沟与三里桥	安志敏等
6月	上村岭虢国墓地	林寿晋
6月	唐长安大明宫	马得志
1960年5-6月	西安半坡	石兴邦等
7月	唐长安城郊隋唐墓	马得志
1961年2-3月	沣西发掘报告	王伯洪
5-7月	新中国的考古收获	科学院考古所集体编写
1961年12月	武威汉简	陈梦家等
1962年8月	前蜀王建墓发掘报告	冯汉骥等
1964年5月	西安郊区隋唐墓	卢兆荫等
1972年10-12月	长沙马王堆一号汉墓	湖南博物馆、科学院考古所
1972年12月 -1973年2月	中华人民共和国出土文物展览展品选集(中文及英、法文本)	出国文展工作组
1973年10-12月	中国古代天文文物图录	徐苹芳等
1974年6月	满城汉墓发掘报告	卢兆荫等

5.20.4
经夏鼐审阅后出版的考古学专著一览表。（共计30种）

此一览表根据《夏鼐日记》编成，时间跨度约20年（1953-1974）。专著的作者多为中国科学院考古研究所的科研人员，也有全国各地考古机构和学者的著作。夏鼐审稿仔细认真，大到学术观点的审订，小到文字与图表的差别以及标点符号和错别字的订正。为此，他投入了大量的时间和精力。

5.21 参与中国考古学会工作

1979年4月,中国考古工作者的群众性组织——中国考古学会成立。夏鼐于1979-1985年,连任中国考古学会第一、二届理事会理事长。

5.21.1 ◂
在中国考古学会成立大会开幕式上作报告。

1979年4月6日在西安举行。右起商承祚、夏鼐、梅益、李尔重、于省吾、安志敏。

5.21.2 ▲
与秘书长王仲殊（右）一起

1983年5月,第四次考古学年会期间与王仲殊一道,参观河南省文物研究所。

5.21.3 ▲
观看与会代表带来的考古标本

1979年4月,第一次考古学年会期间与副理事长苏秉琦（左）等在一起。

(五) 运筹帷幄 统领全局

5.21.4 ▲
与常务理事宿白（右）参观陕西省博物馆

5.21.5 ▲
与常务理事谢辰生（右）等视察江陵楚纪南城遗址

1980年11月第二次年会期间。

5.21.6 ◂
视察河南省文物研究所登封王城岗遗址工作站

1983年5月第四次考古学年会期间。左起：夏鼐、李京华、蒋若是、安金槐。

5.21.7 ◂
与第一届考古训练班部分师生合影

1983年5月第四次考古学年会期间。前排左起：赵生琛、张学正、胡悦谦、宿白、夏鼐、顾铁符、石兴邦、徐润芝、安金槐；后排左起：郑绍宗、俞伟超、董增凯、李逸友、蒋若是、孙太初、裴明相、吕遵谔。

5.22 各种社会活动

夏鼐曾经是"全国社会主义建设积极分子",全国人民代表大会代表,国务院学位委员会成员,国家文物委员会主任委员,曾列席参加中共第十二次全国代表大会开幕式。

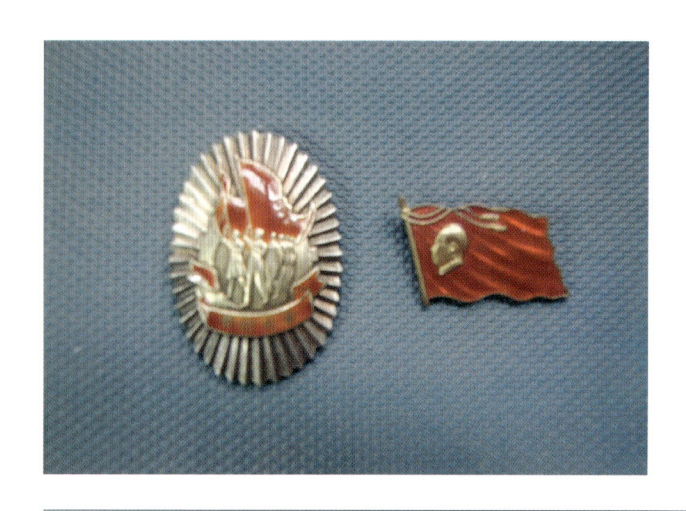

5.22.1 ◀

参加"全国社会主义建设积极分子大会"(左,1956年5月)和"全国先进生产者代表会议"(右,1959年10月)的纪念章

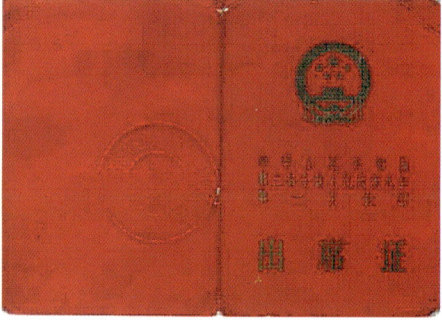

5.22.2 ◀

第三届全国人民代表大会第一次会议的出席证

1959–1983年,夏鼐当选为第二届至第六届全国人大代表。

5.22.3 ◀

与参加全国人民代表大会的温州籍代表合影

第六届人大第二次会议期间(1984年5月)与温州籍代表摄于北京人民大会堂。右二夏鼐、右三温州市市长卢声亮、左二温州中学校长郭绍震。

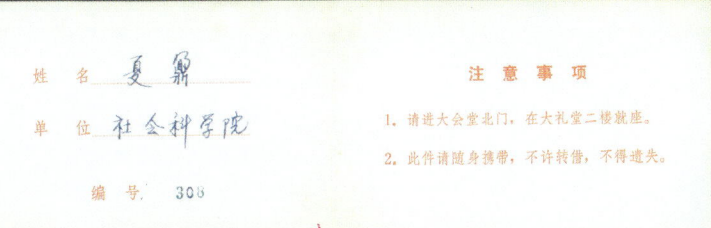

―――― （五）运筹帷幄 统领全局 ――――

5.22.4
中国共产党第十二次全国代表大会开幕式的列席旁听证

1982年9月1日，夏鼐作为中国社会科学院的12名列席人员之一，参加了中国共产党第十二次全国代表大会开幕式。

5.22.5
参加国务院学位委员会暨第一届学科评议组工作的纪念证

1982－1985年。

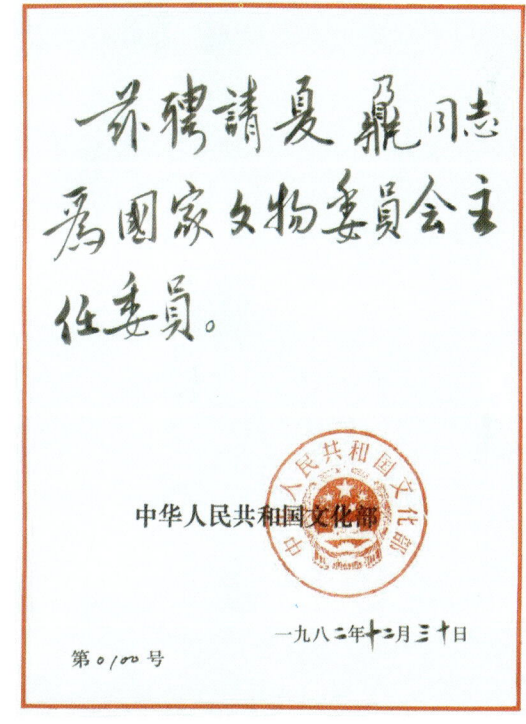

5.22.6
国家文物委员会主任委员聘书

1982年12月，中华人民共和国文化部为更好地贯彻1982年11月全国人民代表大会常务委员会制定并颁布的《中华人民共和国文物保护法》，特成立国家文物委员会，聘请夏鼐为主任委员。夏鼐曾参与中国第一部文物保护法的制订工作。

5.23 参观与学习

5.23.1
1964年在山西

1964年参加郭沫若率领的中国科学院参观团赴晋南农村参观。

这次参观团中有许多著名的科学家，除夏鼐外，文史方面有徐旭生、张政烺、钱锺书、罗大冈，自然科学方面有张文裕、汪德昭、施汝为、傅承义等。图为参观团部分成员在太原晋祠大门外合影。

前排左一为夏鼐。

5.23.2
在内蒙古自治区视察工作

1964年8月。

1964年暑期，施行十二指肠溃疡切除大手术后的夏鼐，在内蒙古呼和浩特休假。他视察了当地博物馆和文物古迹。图为夏鼐（右四）等与当地文物工作者在昭君墓前合影。右三张政烺，右五乌恩。

5.23.3
在国外参观古代遗址时作笔记。

1981年。

5.24 广泛结交学术界师友

5.24.1 ▲
与郭沫若的交往

夏鼐对郭沫若一贯景仰,后来长期在郭沫若的直接领导下工作。此为夏鼐(右一)陪同郭沫若(左一)研讨湖北发现的考古新资料,中间为湖北省博物馆工作人员王劲(女)(右二)。

5.24.2 ▶
郭沫若书赠的条幅

1962年3月,夏鼐被任命为中国科学院考古研究所所长以后,郭沫若将自己的诗作《东风吟》的第二首,写成条幅赠给夏鼐:"青女相欺又几时,眼前百卉竞芳菲。东风本在胸怀里,何日迎春春便归。作铭同志 郭沫若"

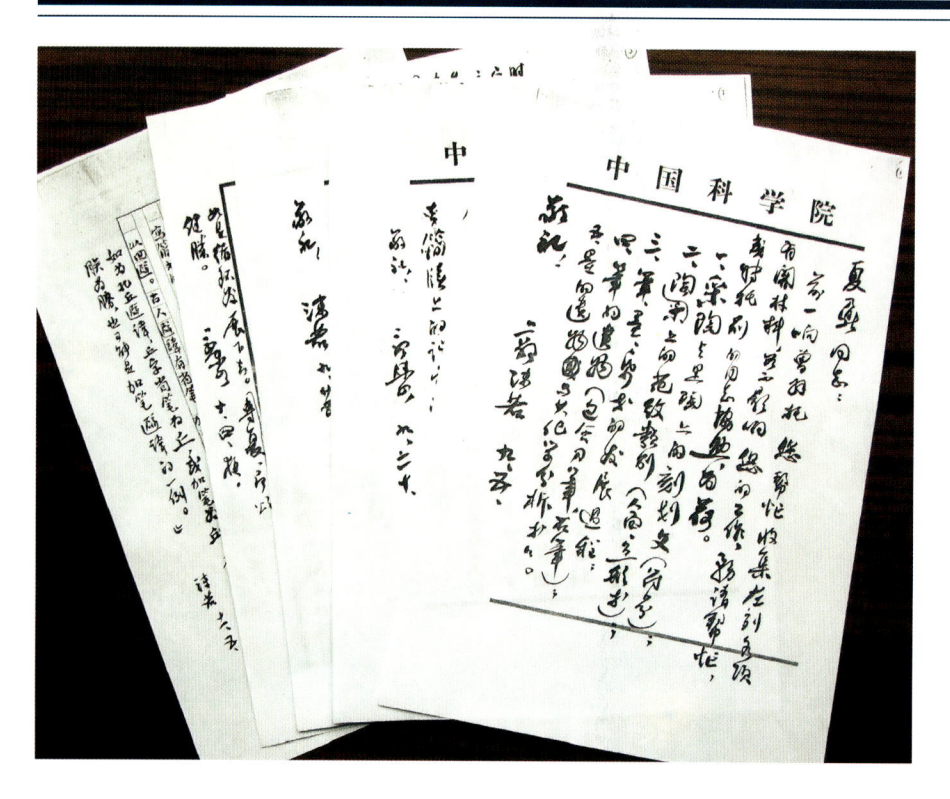

5.24.3
郭沫若的来信

1965年郭沫若因《兰亭序》真伪问题而探讨古代书体的变迁，是年秋9～11月曾十一次致函夏鼐请他协助收集有关资料，并两次亲往考古研究所与夏鼐交谈。后来，郭氏据以撰写了《古代文字的辩证发展》一文，该文发表在复刊的《考古学报》1972年第1期。

图为郭沫若1965年9月5日及此后写给夏鼐的几封信。

5.24.4
1965年10月16日写给郭沫若信的底稿

5.24.5
与严济慈等科学家在一起

夏鼐与许多自然科学方面的专家有密切的交往，使他本人和考古所的研究能够较好地利用自然科学手段，并得到有关单位的支持，因而取得显著的成绩。图为1983年与物理学家严济慈(左二)、钱临照(左一)、天文学家席泽宗(右一)合影。

5.24.6
与尹达、胡厚宣合影

夏鼐当年初入考古界，在安阳殷墟进行考古实习时的老友，80年代仍活跃在大陆考古领域的仅有夏鼐、尹达和胡厚宣三人。图为1982年9月，夏鼐、胡厚宣将前往美国夏威夷参加"商文化国际讨论会"，得知与会者中有曾参加西北岗发掘而阔别已久的高去寻，时在病中的尹达无法同行，特在临行前摄此合影，带去与老友一观。左起：胡厚宣、尹达、夏鼐。

5.24.7
为吴晗逝世十五周年纪念会题词

首都博物馆赵其昌先生提供。

5.24.8
与旧友高去寻相会

高去寻是1935年与夏鼐一道参加殷墟发掘的老友之一，1948年末随历史语言研究所迁居台湾，此后两人即未通音信。1982年9月，因同时参加在美国夏威夷举办的"商文化国际讨论会"，阔别三十余年的老友始得聚首相会，畅叙情怀。

右起：夏鼐，张光直，高去寻，张政烺。

5.24.9
与常书鸿在一起

夏鼐（左）与常书鸿（右）相识于1944年敦煌考古发掘时。当年，夏鼐曾试图以有纪年题记的洞窟为基点，撰写关于敦煌石窟分期的论文；常书鸿曾企盼刚从英国学习专业考古归来的夏鼐能够长期在敦煌工作，但未能如愿。此后数十年间，夏鼐虽然不曾再去敦煌，却始终关注敦煌石窟的研究工作；常书鸿来北京时，两人常在一起晤谈。

5.24.10
与旧石器考古专家裴文中（左）合影

1979年。

5.24.11
与古生物学家杨锺健等在一起

1974年参观北京自然博物馆新展出的甘肃合水剑齿象化石。左起周荣鑫、夏鼐、杨锺健。

5.24.12
与文学研究专家吴世昌在一起

夏鼐与钱锺书、吴世昌等文学研究专家曾长期住在同一座宿舍楼，闲暇时常在一起交谈。图为夏鼐（右）在专治《红楼梦》的吴世昌（左）家中交谈。

5.25 为地方文博单位题词

5.25.1 ▲

1980年为湖北省考古工作题词:"江汉地区是楚文化的摇篮,留给我们许多珍贵的遗产,我们要保护和研究这些遗产,让它发挥更为耀目的光彩。"
(采自《江汉考古》1982年第1期。)

5.25.2 ▲

为《湖南考古辑刊》题词:"湖楚文明数千年,长沙发掘著先鞭。马王堆里多瑰宝,更出新篇后胜前。"
(采自《湖南考古辑刊》创刊号。)

5.25.3 ▲

为湖北大冶铜绿山矿冶遗址题字:"铜绿山古铜矿遗址"。
(采自《江汉考古》1985年第3期。)

(五)运筹帷幄 统领全局

5.25.4 ▲
吉林省集安"好大王碑"碑亭及匾额。
(照片为南京博物院罗宗真先生提供。)

5.25.5 ▲▶
广州莲花山古采石场远景及题刻局部。
(照片为广州市文管会麦英豪先生提供。)

- 秘鲁古代遗迹
- 墨西哥古代遗迹
- 率领中国考古代表团访问伊朗
- 率领中国社会科学院代表团访问英国
- 接待法国考古学家
- 英国学术院授予的通讯院士
- 美国全国科学院外籍院士

国际交往 誉满四海

考古学家夏鼐·影像辑 六

出席国际性学术会议

莫斯科红场

巴基斯坦历史学会第十五次年会

第26届欧洲汉学会议

曼谷联合国教科文会议

中国青铜器国际讨论会

第三届国际中国科技史研讨会

国际交往 誉满四海

夏鼐非常重视中国考古学界的对外学术交流。长期以来，他作为中国国家考古研究机构的负责人，曾多次参加国际学术会议，出访过日本、泰国、巴基斯坦、伊朗、意大利、英国、法国、瑞士、德国、瑞典、阿尔巴尼亚、美国、墨西哥、秘鲁等十多个国家，他接待了来自五大洲的许多知名学者和代表团，因而结识了英国、美国、日本、意大利、瑞士、法国、苏联等国家及华裔的许多学者。夏鼐以渊博的学识，温和的性格，诚恳、谦逊的态度，赢得外国学者的尊敬并与之结下了深厚的友情。他使中国考古界从外国吸取经验，也使外国同行们能更好地了解中国的考古工作。1983年，夏鼐以中国社会科学院副院长兼考古研究所名誉所长和中国考古学会理事长的身份，主持召开了第一次在中国举行的国际性考古学会议——亚洲地区（中国）考古学讨论会。

夏鼐在学术上的卓越成就，不仅在国内，而且在国际上普遍受到重视，许多国际学术机构将荣誉称号授予他。在1974～1985年期间，他先后获得"英国学术院"通讯院士、"美国全国科学院"外籍院士、"瑞典皇家文学历史考古科学院"外籍院士等荣誉称号，成为中国学术界接受外国国家级学术机构荣誉称号最多的学者之一。

6.1 出席国际性学术会议

6.1.1
1956年8月 莫斯科

1956年8月下旬至9月下旬，中国学术代表团以翦伯赞为团长，夏鼐、周一良、张芝联为团员，出席在巴黎举行的第九届欧洲青年汉学家会议。当时，中国与法国无直航航班，需在苏联转机。

图为转机时与翦伯赞、张芝联在莫斯科河畔合影，背景为莫斯科大学主楼。左起：夏鼐、张芝联、翦伯赞。

6.1.2
参观苏联莫斯科红场

1956年8月，等候转机期间，在莫斯科红场参观。前排左起夏鼐、张芝联、翦伯赞。

——— (六) 国际交往 誉满四海 ———

6.1.3 ▶
出席"1964年北京科学讨论会"

1964年8月下旬，中国派出以周培源为团长的中国科学代表团出席这次盛会。图为夏鼐（右一）作为中国代表团成员与亚非拉国家的学者合影。右一夏鼐，右二张维，左四周一良。

6.1.4 ◀
参加巴基斯坦历史学会第十五次年会

1965年5月。
出席会议的中国代表团团长为刘大年（左），右为夏鼐，在巴基斯坦的一座清真寺建筑工地参观。

6.1.5 ◀
参加"第一次伊利里亚人研究会议"

这是夏鼐在"文化大革命"中期，刚刚恢复工作后，于1972年9月首次率团出访。这个会议在阿尔巴尼亚国内受到很大重视，中国代表团由夏鼐和王仲殊等人组成。

115

6.1.6
参观阿尔巴尼亚考古遗址

1972年9月。
右四夏鼐，右一王仲殊。

6.1.7
参加第 26 届欧洲汉学会议，在意大利参观

1978年9月参加第26届欧洲汉学会议，中国学术代表团由许涤新任团长，团员有夏鼐、钱锺书等。这届会议在意大利奥蒂赛举行。该会议即夏鼐1957年曾参加过的原"欧洲青年汉学家会议"，后改现名。右起施舟人（Dr. k.m.Schipper欧洲汉学会议秘书长、法国汉学家）、夏鼐、许涤新。

6.1.8
出席联合国教科文组织召开的"起草亚洲历史名城研究计划专家会议"

1979年12月，夏鼐作为中国专家前往泰国曼谷参加联合国教科文组织的会议。图为会议会场（左三为夏鼐）。

6.1.9
参加第 26 届欧洲汉学会议的座谈

1978年9月。
左起夏鼐、钱锺书。

（六）国际交往 誉满四海

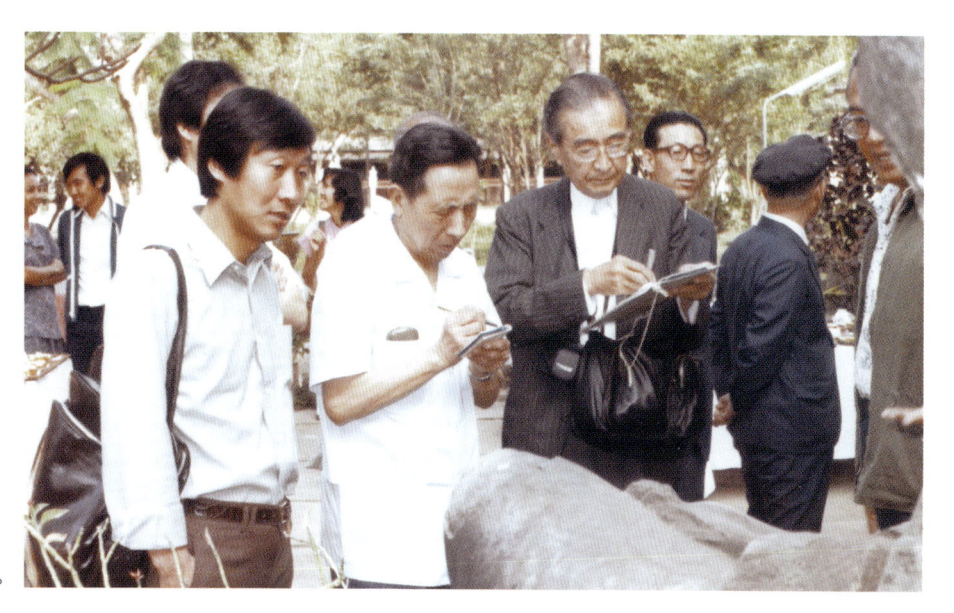

6.1.10 ▶
曼谷联合国教科文会议期间，参观泰国古迹

1979年12月。前左二为夏鼐。

6.1.11 ◀
参加中国青铜器国际讨论会

夏鼐1980年5月率团赴美国参加由美方主办的"中国青铜器国际讨论会"，代表团成员有张政烺，张长寿，马承源。台湾地区也派代表出席了这次讨论会，这是海峡两岸的考古学者第一次坐在一起，共同切磋学术问题。
左起：马承源、张政烺、夏鼐、张长寿。

6.1.12 ▶
参观纽约大都会博物馆

1980年5月在大都会博物馆参观馆藏中国青铜器。
左起：张政烺、张长寿、夏鼐、马承源。

6.1.13
参观大都会博物馆馆藏文物

1980年5月。

6.1.14
出席第15届"国际历史科学大会"

1980年8月,夏鼐率领中国历史学家代表团出席在罗马尼亚布加勒斯特举行的第15届国际历史科学大会。图为会议期间参观多芙丹纳监狱博物馆时合影。
左二林志纯、左四吴于廑、左六夏鼐、左八刘思慕、左九张芝联、左十瞿同祖、左十三张椿年。

—— (六) 国际交往 誉满四海 ——

6.1.15
参加在美国夏威夷举行的"商文化国际讨论会"

1982年9月，夏鼐与胡厚宣、张政烺等一行十人前往美国，出席由夏威夷大学主办的商文化国际讨论会。

前排右起：胡厚宣、夏鼐、宿白、周鸿翔（美）、王贵民；后排右起：林沄、杨锡璋、张政烺、安金槐、高至喜、（姓名不详译员）、郑振香。

6.1.16
主持"亚洲地区（中国）考古讨论会"

1983年8月，由中国考古学会、中国社会科学院考古研究所和联合国教科文组织共同组织的一次国际学术会议。在会议开幕式上，夏鼐被推选为讨论会主席，并主持会议。

6.1.17
陪同外国考古学家参观唐大明宫遗址发掘工地

1983年8月，夏鼐（中）陪同参加"亚洲地区（中国）考古讨论会"代表，在西安唐长安大明宫遗址发掘工地现场参观。

6.1.18
在"亚洲地区（中国）考古讨论会"上作报告

1983年8月，夏鼐作为中国代表发言。

6.1.19
出席第二届国际中国科技史研讨会

夏鼐（左二）作为中国代表团顾问出席1983年12月在香港举行的会议，在开幕式上作了题为《中国考古学和中国科技史》的讲演。
左一为研讨会执行主席、中国代表团团长席泽宗。

6.1.20
出席联合国教科文组织《人类科学文化史》国际委员会第一、二编正副主编会议

会议1984年9月在法国巴黎举行。这是会议期间，访问中国常驻教科文组织代表处。
左起：蔡景涛一秘、夏鼐、苏林主任、苏林夫人、赵永奎副主任。

6.1.21
出席第三届国际中国科技史研讨会，与李约瑟在一起

夏鼐（右）以中国代表团顾问身份出席1984年8月在北京举行的这次会议。会议期间与英国著名中国科技史专家李约瑟交谈。夏鼐与李约瑟于20世纪40年代在四川李庄即相识，长期保持通信联系。在中国科技史研究领域，相互切磋，共同推进这一领域的学术进步。

6.2 出国考察访问和讲学

6.2.1
与日本考古学家在一起

夏鼐十分关注日本考古学的发展动态，与众多日本考古学家建立了广泛的联系和深厚的情谊。夏鼐三次访问日本，在国内接待来访的日本考古学家更是无数。图为1963年12月参加张友渔为团长、江隆基为副团长的中国学术代表团，第一次访问日本。右一原田淑人，左一杉村勇造，左二夏鼐。

6.2.2
造访日本考古学家原田淑人寓所

1963年12月，右为夏鼐。

6.2.3
在"日本考古学协会"举办的演讲会上

1963年12月，右为杉村勇造。

6.2.4
在"日本考古学协会"举办的座谈会现场

1963年12月,站立者中为和岛诚一,右为夏鼐。

6.2.5
参观日本东京大学考古学研究室

1963年12月,夏鼐(中),驹井和爱(左)。

6.2.6
参观日本京都大学考古学研究室

1963年12月,夏鼐(左),梅原末治(中),贝塚茂树(右)。

（六）国际交往 誉满四海

6.2.7 ▲
参观日本的姥山贝冢

1963年12月在日本市川市参观古迹。
左为和岛诚一，中为杉原庄介，右为夏鼐。

6.2.8 ▲
参观秘鲁考古发掘工地

1973年4~5月，夏鼐、王仲殊等组成的中国考古小组，前往秘鲁、墨西哥访问。右四为夏鼐，前背影为王仲殊。

6.2.9 ◀
参观秘鲁古迹遗址

1973年4月。
前右二为夏鼐，右一为秘鲁人类学与考古学博物馆馆长路易·伦布雷拉斯。

6.2.10
参观墨西哥古代遗迹

1973年5月在墨西哥访问。左五为夏鼐。

6.2.11
参观墨西哥的考古发掘工地

1973年5月在墨西哥，某日外出参观途中，由于车辆原因，司机和夏鼐均出现中毒症状。经及时送医院抢救，身体尚无大碍，稍事休息后，夏鼐（前右）依然继续访问行程。

（六）国际交往 誉满四海

6.2.12 ▶
参观墨西哥阿尔梅克文化巨石人头像

1973 年 5 月。

6.2.13 ◀
参观墨西哥文化博物馆时与友人合影

1973 年 5 月。
左起：熊向辉（中国驻墨西哥大使）、夏鼐、塞萨尔（墨西哥文化博物馆馆长）、王仲殊。

6.2.14 ▶
参加英国"中国出土文物展览"开幕式

1973 年 9 月 28 日，由王冶秋任团长，夏鼐任副团长的代表团，赴英国参加在伦敦举办的中国出土文物展览开幕式。英国首相希思观看了预展。左起：夏鼐、宋之光大使、希思首相、（译员）、王冶秋。

6.2.15
参观不列颠博物馆馆藏文物

1973年10月展览期间，参观不列颠博物馆馆藏文物——珍贵敦煌画卷。右起：夏鼐、王冶秋、冯先铭。

6.2.16
重游史前遗址斯通亨奇环状石阵

斯通亨奇环状石阵是英国著名史前遗迹。20世纪30年代夏鼐在英国留学时，曾来这里参观。当相隔近40年的1973年10月6日，再次来到这里时，夏鼐手持当年参观该遗址时留存的游览指南，向友人讲述当年情景。左一王冶秋，英国朋友有奥尔德森、巴伦、史密斯。

6.2.17
与英国华生教授交谈

华生教授长期从事中国考古的研究，是夏鼐的老朋友。1973年作为负责中国出土文物赴英展出事宜的英方代表团顾问前来访问，夏鼐坚持原则与之谈判。图为展览在伦敦开幕时二人在一起交流。

―――― (六) 国际交往 誉满四海 ――――

6.2.18 ▲
参观英国戏剧家莎士比亚故居

1973年10月。
前左一王冶秋，左三夏鼐。

6.2.19 ▲
拜谒卡尔·马克思墓

1973年10月在英国伦敦。
左三起：王承礼、夏鼐、王冶秋、王友唐、郭劳为、冯先铭。

6.2.20 ▲
率领中国考古代表团访问伊朗

1977年10月。
左二起夏鼐、卢兆荫、王仲殊、安志敏。

6.2.21
率领中国考古代表团访问希腊

1978年4月。
访问期间，参观了许多古希腊的遗址及修复现场。图为参观萨洛尼卡新近发掘的马其顿名王腓力二世陵墓。
左五主持发掘的安德罗尼科教授，右三夏鼐、左四张长寿、右一赵芝荃。

6.2.22
参观古希腊神庙修复工地

1978年4月。
左二起：石兴邦、夏鼐、张长寿。

6.2.23
率领中国社会科学院代表团访问日本

1979年6月。
这是夏鼐第二次访问日本。团长为周扬，夏鼐任副团长。图为代表团访问京都大学人文科学研究所，受到贝塚茂树教授的欢迎。
左起贝塚茂树、周扬、夏鼐。

（六）国际交往 誉满四海

6.2.24
与中国社会科学院访日代表团部分团员合影

左起唐弢、（日本陪同人员）、贺麟、张国辉、夏鼐、李荣、任继愈、黎澍、李芒、（日本陪同人员）。

6.2.25
参观日本奈良平城京遗址考古发掘现场

1979年6月。
左起：狩野久、坪井清足、夏鼐、小南一郎、田中稔、杉本宪司、町田章。

6.2.26
参观日本东京大学考古学研究室

1979年6月。
左起：樱井清彦、夏鼐、关野雄。

6.2.27
与日本考古学家在一起

1979年6月。
夏鼐（左二）与杉原庄介（右二）、关野雄（左一）交谈。

6.2.28
拜访老朋友宫川寅雄

1979年6月访日期间，夏鼐广交朋友，加强相互的交流和了解。图为到家里拜访宫川寅雄，在居所门口与主人合影。
右起宫川寅雄、夏鼐。

6.2.29
参观日本奈良高松冢发掘出土文物陈列

奈良高松冢为日本1972年发掘的一座古坟时代末期的贵族墓葬，墓内保存有珍贵的壁画，是日本国宝级文物。图为夏鼐（左）1979年6月专程赴奈良高松冢所在地的考古研究所参观。右为主持该墓发掘的日本考古学家末永雅雄。

6.2.30
进入奈良高松冢墓室参观前更衣

1979年6月。
日本有关部门对高松冢墓室壁画采取严格的保护措施,墓内保持恒温恒湿,平时不允许人员进入。作为国际著名的考古学家,夏鼐(右)被日方特许进入参观。图为在进入墓室前,更换专备的防尘保护服具。

6.2.31
率中国社会科学院代表团访问英国

1980年4月。
代表团团长宦乡(右一),副团长夏鼐(右二),与英国学者座谈。

6.2.32
在美国访问并演讲

1981年3—4月间夏鼐访问了美国的哈佛大学、堪萨斯州立大学、加利福尼亚州立大学。图为在哈佛大学讲演。
左起:张光直、夏鼐、费慰梅(费正清夫人)。

6.2.33
《汉代的玉器和丝绸》（英文本）

访问结束后，美国堪萨斯州立大学将夏鼐的英文讲演稿编辑出版，取名为《汉代的玉器和丝绸》。

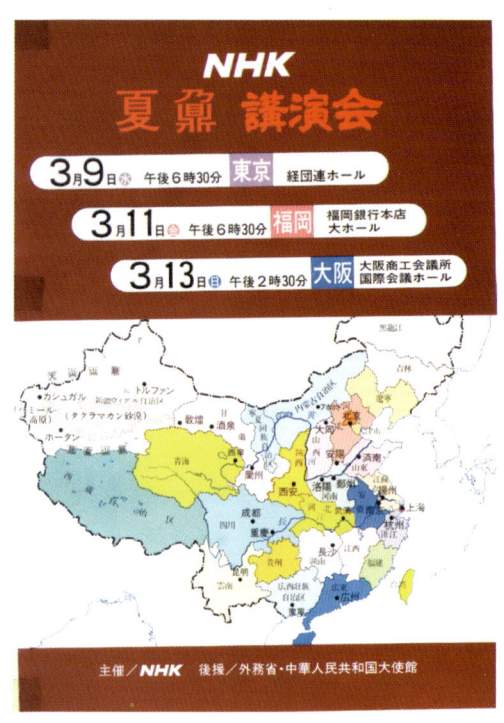

6.2.34
在日本公开讲演电视转播海报

1983年3月，夏鼐应日本广播协会（NHK）的邀请，在日本东京、福冈、大阪三地作公开讲演，并通过电视向日本全国广播。讲演的题目分别是《中国考古学的回顾和展望》、《汉唐丝绸和丝绸之路》、《中国文明的起源》。讲演稿的译文，以《中国文明的起源》为书名，当年在日本出版发行。图为夏鼐在日本讲演的海报。

6.2.35
在讲演会电视直播现场

1983年3月。
这是在东京的首次讲演会讲台。
讲台中部是幻灯图片放映。

(六)国际交往 誉满四海

6.2.36
参观日本京都"西阵织"丝织工场

1983年3月。
在讲演会后,日本方面安排了参观活动,其中有参观京都"西阵织"丝织工场,该场的丝绸生产工艺与中国古代传统的丝织工艺有着渊源关系,反映了中日源远流长的文化交流历史。图为夏鼐在参观后题词留念。

6.2.37
参观日本博物馆收藏的中国瓷器

1983年3月。
右为夏鼐。

6.2.38
与日本学者切磋中国瓷器

1983年3月。
夏鼐(左二),三上次男(右)。

6.3 接待来访的外国考古专家和其他学者

6.3.1 ◂
陪同周恩来总理接见日本考古代表团

1957年4月底，5月初接待的日本考古代表团是中华人民共和国成立后第一次来华访问的日本学术代表团。该团5月9日受到周恩来总理接见。前排左起：杉原庄介、杉村勇造、周恩来、原田淑人、郭沫若、驹井和爱、水野清一，后排右起：夏鼐、樋口隆康、关野雄、冈崎敬及日方随员二人。（照片采自《八十路——杉村勇造遗稿集》）

6.3.2 ◂
陪同接见日本考古代表团

1957年5月4日参加中国科学院院长郭沫若的接见活动。左起：原田淑人、郭沫若、翦伯赞、关野雄、夏鼐。

——— （六）国际交往 誉满四海 ———

6.3.3
陪同苏联科学院院士吉谢列夫参观中国历史博物馆通史陈列

1959年11月27日。
夏鼐（右二）陪同参观中国历史博物馆（今国家博物馆）。

6.3.4
陪同苏联考古学家参观

1959年11月27日。
左起：王振铎、沈从文、夏鼐、吉谢列夫、任行健、韩寿萱。
（照片由中国国家博物馆李之檀提供。）

6.3.5
会见日本关西文化界访华团

1965年9月。
右起：塚本善隆、夏鼐、太田英藏。

6.3.6 ▶
接待法国考古学家

1965年9月接待来华访问的法国的中国考古学家叶理夫夫妇。
右起夏鼐、叶理夫、叶理夫夫人法国使馆临时代办沙耶。

6.3.7 ▶
接待越南考古代表团

1966年3月接待越南考古院负责人阮文义率领的访华团。左起：杨锺健、阮文义、夏鼐、吴汝康、颜訚。

6.3.8 ▶
陪同周恩来总理等接见日本学者

1971年5月夏鼐参加了接待日本哲学家松村一人、历史学家井上清的活动。
这是夏鼐在"文化大革命"后期第一次参加外事活动，当时曾引起关注。前排中央周恩来，左五松村一人，左四松村一人夫人，右五井上清，右四郭沫若，左三于立群，二排右二周培源，右三王国权，右四张香山，右五刘大年，左四夏鼐，左三林丽韫。三排中余绳武。

―――― (六) 国际交往 誉满四海 ――――

6.3.9
陪同阿尔巴尼亚科学院访华团参观北京八达岭长城

时为 1973 年 11 月，后排右四为阿尔巴尼亚科学院院长布达，右五为夏鼐。

6.3.10
接待美国考古代表团

1973 年 11 月接待中美两国关系正常化后首次来访的美国考古代表团。前排左二谢尔曼（团长，美国克利夫博物馆馆长），左四夏鼐，左一牛兆勋，右一王仲殊。

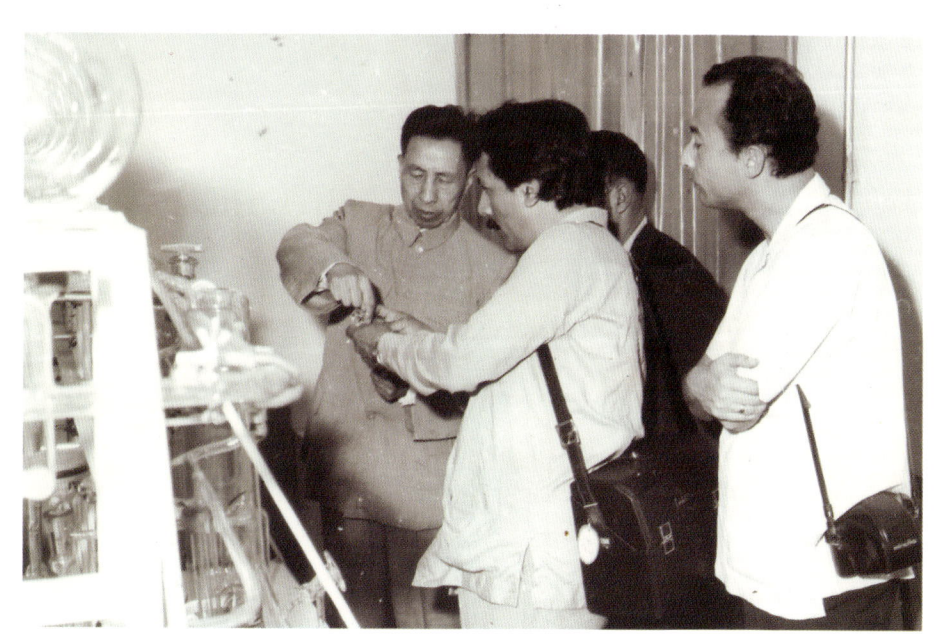

6.3.11
接待秘鲁考古代表团

1974 年 6 月秘鲁人类学与考古学博物馆馆长路易·伦布雷拉斯（左二）率代表团访华，图为夏鼐（左一）陪同参观考古所的碳十四实验室。

6.3.12
接待日本考古代表团

1974年8月。
左起夏鼐，宫川寅雄（团长）。

6.3.13
陪同接见墨西哥考古代表团

1974年9月以墨西哥人类学与历史学会会长吉列莫尔·邦菲尔为团长的访华团受到郭沫若副委员长接见。前排左六郭沫若，左三吴有训，右四王冶秋，右一夏鼐，二排左一王仲殊。

6.3.14
接待美国古人类学考察组

1975年5月张光直率领美国人类学考察组来访，这是他首次来中国大陆访问，从此与中国考古学界建立了广泛的密切联系。图为夏鼐和考古研究所同行与张光直合影。
左起：译员、卢兆荫、帕·马多克斯 、张光直、夏鼐、布林、安志敏、吉德炜、王世民。

———（六）国际交往 誉满四海 ———

6.3.15 ◀
接待伊朗考古代表团

1975 年 9 月伊朗全国考古中心主任弗罗兹·贝格札德为团长的访华团，参观中国科学院考古研究所化学实验室。
左二为贝格札德，右二为夏鼐。

6.3.16 ▲
接待美籍华裔历史学家杨联陞

1977 年 8 月。
左起：夏鼐、吕叔湘、杨联陞。

6.3.17 ▲
接待美籍华裔历史学家何炳棣

1977 年 8 月。
前排左起：何炳棣、夏鼐、安志敏。

6.3.18
接待瑞士考古学家

瑞士伯尔尼大学邦迪教授也是夏鼐的好友，图为1977年8月邦迪教授来中国社会科学院考古所访问时，与夏鼐和考古所同行合影。
左三卢兆荫，左四王仲殊，左五邦迪，右四夏鼐，右三王世民，右二安志敏。

6.3.19
接待美籍物理学家林家翘

林家翘是夏鼐清华时期的低班同学，虽不是从事相同的学业，但两人过往颇密，1983年夏鼐赴美国讲学时，每次讲演他都偕夫人前往聆听。
图为1978年7月林家翘来访时合影。

6.3.20
接待日本关西大学的中国历史学家森鹿三等

1978年8月。
右二夏鼐，右三森鹿三，左一大庭脩。

(六) 国际交往 誉满四海

6.3.21
接待美国汉代研究代表团

1978年10月。
左一夏鼐，左二余英时（团长）。

6.3.22
接待联邦德国历史考古代表团

1979年4月。
左库特·伯纳（团长），右夏鼐。

6.3.23
接待日中关系史研究者访华团

1979年8月，左一卢兆荫，左二三上次男（团长），右二夏鼐，右一徐苹芳。

6.3.24
接待日本考古学家

1979年8月陪同日本学者参观中国社会科学院考古研究所碳十四实验室。左一夏鼐，左二圆城寺次郎，右二樋口隆康。

6.3.25
会见日本代表团团长宫川寅雄

1979年8月。
右起：（译员）、夏鼐、宫川寅雄、王廷芳。

——— （六）国际交往 誉满四海 ———

6.3.26 ◀
在招待日本考古学家的宴会上

1979年8月。
左起：胡乔木（时任中国社会科学院院长）、关野雄、夏鼐。

6.3.27 ▲
陪同邓小平副总理接见英国学术院代表团

1979 年 10 月 11 日
参加接见的中方人士有：邓小平（前右五）、宦乡（前右七）、宋之光（前右三）、王光美（前右九）、夏鼐（前右一）、李琮（后左五）、朱虹（后左二）。

6.3.28 ▲
接待日本东北大学教授金谷治

1979年9月。
右起：刘大年、金谷治、夏鼐、任继愈。

6.3.29 ▲
接待联邦德国马克思·普朗克学会社会科学代表团

1980年4月。
参加接待的中国学者有：夏鼐（前右三）、安志敏（前右一）、朱忠武（前左二）、刘观民（后左一）、仇士华（后中）、高广仁（后右）。

——（六）国际交往 誉满四海——

6.3.30 ◀
接待日本学士院代表团成员

1980年4月。
前排左起：山本达郎、夏鼐、小叶田淳、汪向荣；后排左起：张子明、庄司三男、乌恩、丘立本。

6.3.31 ▲
接待意大利考古代表团

1981年5月。
前行者，右二为夏鼐，左为亚历山德罗·斯图基（团长，罗马大学教授），中为图萨（巴勒摩博物馆馆长）。

6.4 接受外国荣誉学术称号

1974年起，夏鼐先后被授予英国学术院通讯院士、德意志考古研究院通讯院士、瑞典皇家文学历史考古科学院外籍院士、美国全国科学院外籍院士、第三世界科学院院士、意大利近东远东研究院通讯院士等荣誉学术称号。又曾接受瑞典哥德堡大学颁发的"纽伯格奖"。

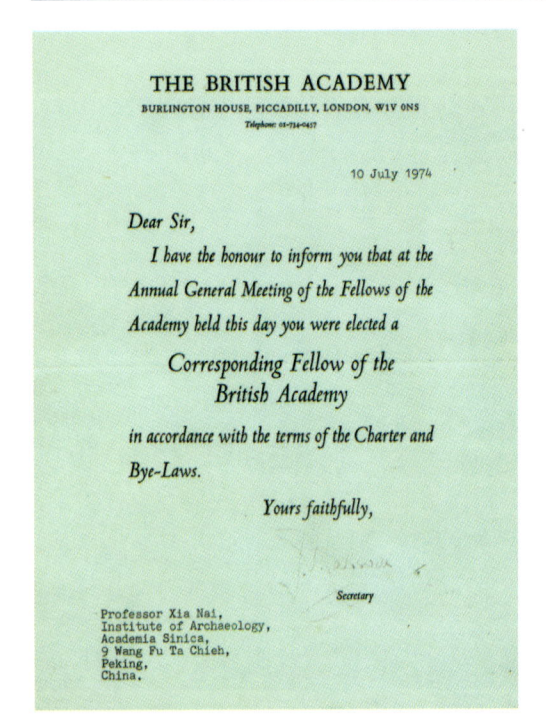

6.4.1 ▲
英国学术院授予通讯院士的证书

1974年夏鼐所获。

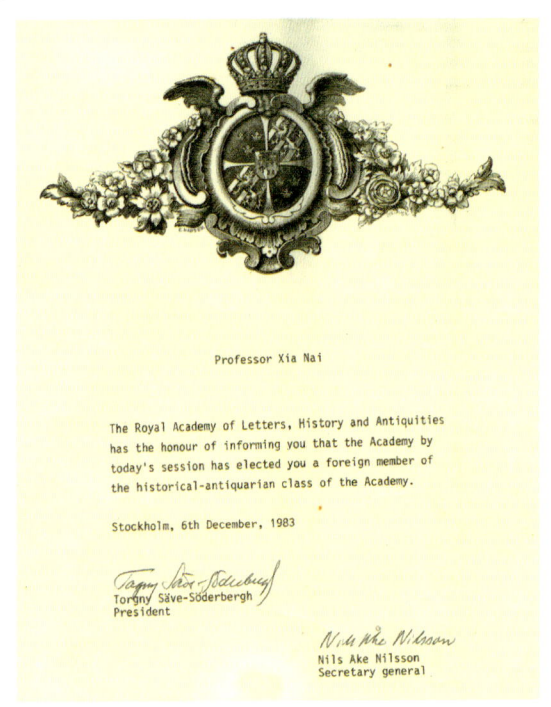

6.4.2 ▲
1983年瑞典皇家文学历史考古科学院授予外籍院士的证书

1983年。

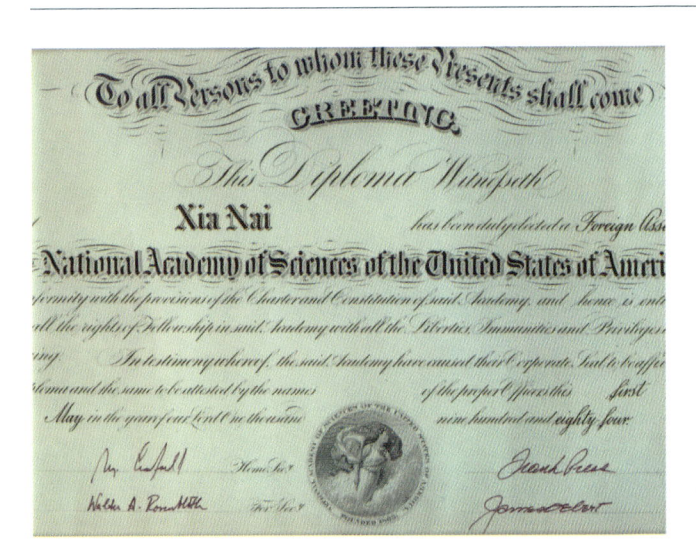

6.4.3 ◀
1984年美国全国科学院授予外籍院士的证书

1984年。

（六）国际交往 誉满四海

6.4.4 ▲
在瑞典哥德堡大学作"菲力克斯·纽伯格讲座"的公开讲演，并接受纽伯格奖

菲力克斯·纽伯格是侨居英国的瑞典银行家，以他的捐款为基金的奖项和讲座，每年举行一次，评选一位考古学者获奖和讲演。
1980年7月。
左一为菲力克斯·纽伯格，右二为夏鼐。

6.4.5 ▲
瑞典"纽伯格奖"授奖仪式现场与奖章

1980年7月。
前左一为夏鼐。

法国巴黎凯旋门

温州市图书馆

温州市博物馆

夫妇携手访问美国、日本

同窗好友

母校八十周年校庆

温馨家庭　情系桑梓

考古学家夏鼐·影像辑 七

温州

全家合影

结婚三十周年

中国科学院第三宿舍

北京小汤山疗养院

温馨家庭 情系桑梓

夏鼐与夫人李秀君的结合，完全是"父母之命、媒妁之言"的产物，直至结婚前，两人连面都没有见过。他们是1928年结婚的。婚后，李秀君虽一直体弱多病，由于自幼养成吃苦耐劳的品格，一生操持家务。李秀君虽只读过很短时间的私塾，但夏鼐始终以仁爱、宽厚的情感，守护着这段姻缘和这个家庭。1950年夏鼐到北京工作，聚少离多的这对夫妇才真正在一起生活。夏鼐由一个少年成长为青年直至中年，学业与事业有成，而李秀君则带领陆续出生的几个子女既服侍公婆，又相夫教子，为和谐的家庭无私地奉献。婚后五十多年的岁月，无论是长期相隔万里，两地分居，还是来到北京以后的团聚，以及"十年浩劫"中的灾难，夏鼐夫妇相敬相爱，风雨同舟，携手伴随，共同走过。晚年，夏鼐动员夫人一道出国访问，刻意补偿妻子毕生操持家务的辛劳。夏鼐晚年曾深情地说过："我在考古学上这一点点的成就，确实一部分要归功于我这贤慧而能干的老伴儿。"

温州历史悠久，文化积淀深厚。夏鼐作为温州人文环境培育出来的人才，虽然长期在外学习、工作，但始终深深地眷恋故乡，对乡土的文化建设尤为关心。从学生时代起，夏鼐即已开始关注乡土的历史沿革以及经济生产的历史和现状，收集有关史料。1942年，返乡探亲时，夏鼐还给上海报刊专门写过有关温州地区金融、工农业方面的文章。1947年返温探亲期间，曾登西山勘察名扬中外的唐宋西山窑遗址群，赴西郊汤岙寻觅碑碣，在海坛山麓发现一通已残的北宋元丰三年海神庙石碑，使这一珍贵碑刻得以保存。无论在国外还是在北京，他都注意收集有关温州的各种资料。温州市图书馆收藏的英国传教士苏威廉的《一个传教团在中国》及苏威廉夫人洛茜女士的《走向中国》两部原版书，即为夏鼐捐赠。1956年10月，夏鼐赴温州处理家务，应温州文管会（温州博物馆前身）之邀请鉴定了一批文物，并将自己少年时代收存的古钱币，及手书《温州先贤著述见存目录》捐赠给温州市文管会收藏至今。1982年，夏鼐返乡参加母校温州中学八十年周年校庆活动，并参观指导温州的考古文物工作，不辞辛劳，跋山涉水，与当地文物工作者一起深入遗址现场，边拍照，边记录。1984年，温州被国务院列为全国十四个对外开放城市之一，他欣然赋诗一首作贺："故园自有好山河，羁旅他乡两鬓斑。昨夜梦中游雁荡，醒来犹觉水潺潺。"

夏鼐与温州籍文化名人，例如夏承焘、方介堪、梅冷生等，都有长期的交往。至于学生时代的同窗好友，更是长期保持着亲密的友情。每次回乡都要与在本地的光华附中及清华大学校友团聚，畅叙友情。

7.1 ▲
夫人李秀君与三周岁的女儿素琴

约摄于1932年。
这是现存年代最早的一张夏鼐夫人李秀君照片。

7.2 ▲
夫人李秀君与子女在温州娘家

抗战期间,李秀君独自带一对儿女在家乡艰难度过战乱。此照片约摄于1942年的温州南郊。夏鼐前往英国留学归国后首次回乡探亲即在这一年。1944年日军第三次入侵温州时,一支中国军队在双屿山与日军激战,照片中的房屋即毁于战火。

7.3 ◀
与内弟李锄非(左)合影

1929年。
1928年2月,在上海读高中的夏鼐返温州举行婚礼,婚后回上海继续读书。之后的每年寒暑假返乡探亲。1929年回上海时,将李秀君的弟弟李锄非(又名:李良)带到上海,进入上海美术专科学校读书。

（七）温馨家庭 情系桑梓

7.4
全家合影

1946年10月。
夏鼐夫妇及长女、长子、次子。

7.5
夏鼐夫妇携次子在南京玄武湖

7.6
全家合影

1950年夏鼐将前往北京工作。左起：长女、次子、夫人、幼子、夏鼐、长子。

7.7
夏鼐夫妇与儿子们的合影

1953年。
左起：次子、夫人、幼子（前）、长子（后）、夏鼐。

7.8 ▲
在北京宽街泰安巷中国科学院第三宿舍院内

1953 年。

7.9 ▲
夏鼐夫妇与亲友合影

1960年，夏鼐的堂侄夏正昕再次出国到苏联留学，其父母（夏仲光夫妇）及亲友来北京送行，并合影留念。不久即因中苏关系恶化提前回国。前排右起：堂兄夏仲光夫妇、夏鼐、李秀君、幼子夏正炎；后排右起堂侄女夏雅琴、堂侄夏正宗、堂侄夏正昕、侄媳郭馥坤（正昕妻）。

7.10 ◀
全家合影

1963 年的夏鼐家庭，已是三世同堂，十二个成员。夏鼐夫妇（前排中坐）、女夏素琴（二排中）、婿印若渊（后排左）、长子夏正暄（后排右）、长媳张志清（二排右）、次子夏正楷（二排左）、幼子夏正炎（前排右一）、大外孙印建中（前排左一）、二外孙印建钢（前排右二）、三外孙印建正（怀抱左）、孙女夏晴（怀抱右）。

(七)温馨家庭 情系桑梓

7.11 ▶
夏鼐夫妇与子侄辈等亲友合影

前排左起：次子夏正楷，夫人李秀君，幼子夏正炎，夏鼐；
后排右起：长子夏正暄，堂侄夏正宗，外甥陆步青。

7.12 ◀
结婚三十周年合影

1958年。

7.13 ▲
夏鼐夫妇与幼子在北京小汤山疗养院

1958年，北京明定陵墓室的清理行将告一段落时，夏鼐因胃溃疡住进医院和疗养院，一住就是五个月。这是数十年间夏鼐病休时间最长的一次。

7.14 ▲
夏鼐夫妇在北京医院病房

1963年3月6日深夜，夏鼐突然腹痛，被送进北京医院，经查为十二指肠大穿孔。医生成功地为夏鼐做了十二指肠切除手术，多年的痼疾得以根治。

7.15 ▲
在北京干面胡同宿舍客厅内

1963 年。

7.16 ▶
与家人合影

"文化大革命"后期的 1971 年,夏鼐的妹妹夏秀莲专程来北京相会。右起:妹夏秀莲、夏鼐、媳张志清、夫人李秀君,(前排)孙女夏晴。

7.16 ▲
李秀君在温州故居做家务

7.17 ▲
与亲友合影

1972 年。
前排左起:孙女夏晴、夫人李秀君、儿媳张志清;二排左起:外甥徐敬榜、幼子夏正炎、夏鼐、后排侄子夏正荣。

(七)温馨家庭 情系桑梓

7.19 ▶
晚年的李秀君

1980年代李秀君接受《中国妇女》杂志采访,发表访问记《我们的心是相通的》。

7.20 ◀
夏鼐夫妇与张光直教授合影

1981年3月。在美国哈佛大学校园。

7.21 ▶
夏鼐夫妇在美国友人家做客

1981年4月。夏鼐夫妇在美国期间,前往弗里尔美术馆蔡斯博士家做客。
右一夏鼐、右二夏鼐夫人、右三蔡斯之母、左一蔡斯夫人、余为蔡斯子女。

7.22
夏鼐夫妇在日本参观博物馆

1983年3月。

7.23
与日本友人在一起

1983年3月,夏鼐夫妇(右二、三)在日本。

7.24
在法国巴黎凯旋门前

1982年9月。

(七) 温馨家庭 情系桑梓

7.25 ▶
参观日本电视台

1983年3月，夏鼐夫妇与拍摄电视剧扮演武士的演员交谈。

7.26 ▲
在日本奈良参观平安宫遗址复原的宫殿建筑

1983年3月。

7.27 ▲
在广东番禺休假

1983年12月。

7.28 ▲
与日本友人三上次男夫妇

1983年9月夏鼐夫妇在青岛海滨休假时与偶遇的日本友人三上次男夫妇合影。

7.29 ◀
与妻子、孙儿在北京干面胡同寓所

夏鼐的个人生活非常俭朴。家里使用的多是三四十年代的旧家具。客厅的沙发是50年代初刚到北京工作时买的旧货，后来沙发的布面磨损了，就换成"人造革"的继续使用。平时他穿着多是普通的中山装或夫人做的布套衫。中午在家吃饭，也很简单，经常就是一碗汤面。给四面八方的朋友写信，常把旧信封翻过来使用，图为1977年夏鼐夫妇与孙儿夏阳在家中客厅。

——— (七) 温馨家庭 情系桑梓 ———

7.30 ▶
在自己办公室门前

1984年。
从1950年起，夏鼐在中国科学院（后改为中国社会科学院）考古研究所这间办公室工作到生命的最后。

7.31 ▲
与家人在一起

1984年。
后排左起：夏鼐，长子夏正暄，次子夏正楷，前排左起：夫人李秀君，宇孙，雷孙，内弟李守源。

7.32
最后一次与家人合影

1985年侄孙女夏一江将前往美国留学，由北京出发前，在居所前夏鼐与她及其他亲友一起留影。
后排左起：夏正中（侄）、夏鼐、夏正暄（长子）、张志清（长媳）、范晓东（次媳之母）、夏晴（孙女）、胡铁秋（次媳）、夏素琴（女儿）；前排左起：李秀君（夫人）、夏一江（侄孙女）、夏阳（孙儿）、夏雷（孙儿）。

7.33
晚年李秀君

1985年6月，夏鼐突然病逝，对夫人是巨大的打击，许久她才慢慢恢复过来，并写出几千字的回忆文章。遗稿后经子女整理成回忆文章《我们的心是永远相通的》，作为对两位老人的一生相伴生活的回顾和纪念。

7.34
李秀君八十五寿辰的全家合影

夏家老少，四世同堂，1992年年底特地在北京的一家温州风味的饭店，为夏鼐夫人李秀君老人庆祝八十五岁寿辰。1993年，老人不幸身患绝症离世，享年86岁。
李秀君（前排中）、女夏素琴（前右三，时任轻工业部基建司高级工程师）、长子夏正暄（前左二，时任中国航空工业规划设计研究院机电设计所副所长，高级工程师）、长媳张志清（前左一）、次子夏正楷（前右二，时任北京大学城市与环境系副主任、教授）、次媳胡铁秋（前右一）、三子夏正炎（后右六，时任北京电视设备厂高级工程师）、三媳于凤荣（后右五）。余为孙辈及曾孙辈。

(七) 温馨家庭 情系桑梓

7.35
参加在京温州籍科技人员座谈会

1984年5月，前排左七为时任温州市市长卢声亮、左六夏鼐。

7.36
温州市图书馆外景

夏鼐从小就对图书馆有难分难舍的情怀，与曾长期任温州市图书馆馆长的梅冷生是至交，一直保持通信往来。1956年，他还曾将一批图书捐赠给图书馆。图为温州市图书馆新馆，馆名为郭沫若题写。

7.37
编录温州图书馆古籍藏书目录

温州的籀园图书馆创建初期，收集了大量温州地区私人藏书，其中不乏珍本、善本。夏鼐在温闲居时，曾将馆藏温州乡贤遗书按照四库分类抄录成册，共收古籍书目800余种，并标有版本种类及藏书来源。夏鼐在篇首题记中写道："温州乡贤遗书目录三种汇刻"（注：书名上有圈识者为学斋旧藏，已见于《温州经籍志》中者。其下注玉字为瑞安孙氏玉海楼，敬字为平阳黄氏敬乡楼，先字为籀园先哲遗著委员会）。

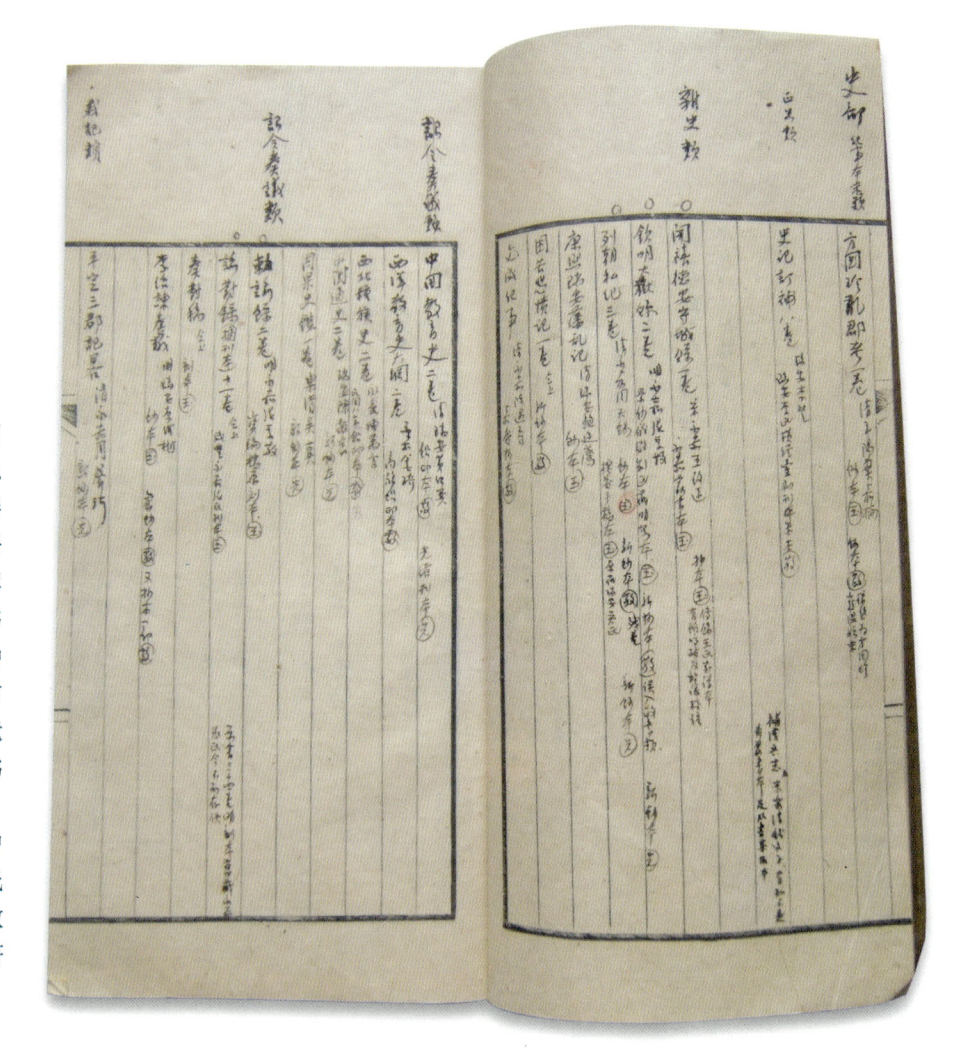

7.38
温州市博物馆

早年的温州市博物馆也是夏鼐经常光顾的场所。在温州逗留时，他会到那里浏览观摩，与工作人员交谈。
图为温州市博物馆新馆址。

——（七）温馨家庭 情系桑梓——

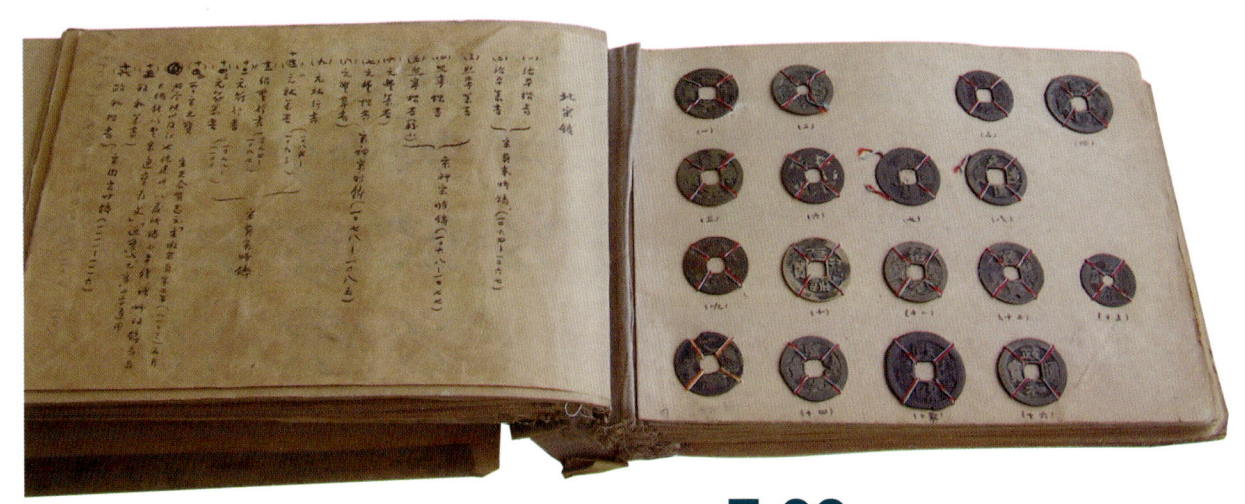

7.39 ▲
手订古钱币册

1956年，夏鼐曾将少年时代收藏并整理装订的古钱币册，捐赠给温州市文管所（现藏温州市博物馆）。

7.41 ▲
收集的早期中文福音书封面

7.40 ▲
温州城西基督教礼拜堂

据记载，西方宗教在17世纪即已传入温州地区。夏鼐对西方宗教传入温州的这段历史十分关注，曾将两本记述来华传教士在温州生活经历的原文著作，捐赠给温州图书馆。

图为温州城西基督教礼拜堂，教堂为典型的中世纪"哥特式"建筑，高12.46米。殿内存"重建圣殿碑"，上刻该教堂由美国传教士苏毕庆始建于1878年，1898年重建的内容。这是浙江省19世纪基督教堂建筑中目前保存较好的一座。

7.42 ▲
同窗好友王栻

王栻是夏鼐在温州中学和清华大学时的同窗好友,夏鼐视其为兄长和挚友。后任南京大学历史系教授,从事维新运动史研究。1983年王栻逝世时,夏鼐致挽联:"三千里外凶闻,岁首成佛成仙,著史宏才君未尽。五十年来旧雨,交情胜金胜石,伤心老泪我无多。"

7.43 ▲
同窗好友王祥第

王祥第,温州市人。1935年清华大学历史系毕业,1957年被错划为"右派",受到不公正对待,生活十分困难。夏鼐曾给予力所能及的关心和接济。1980年王祥第"平反"后,曾到北京协助夏鼐整理《真腊风土记校注》书稿,1984年年底王再次来北京。两位同乡兼同学一起游览,畅谈往事。王返乡时,夏鼐亲自到车站送行。想不到,这一别竟成两位挚友的永诀。
图为1985年年初重游明十三陵时在长陵祾恩殿前夏鼐(左)与王祥第(右)合影。

7.44 ▲
同窗好友徐贤修

徐贤修(1912—2002),浙江温州永嘉县人。他是夏鼐小学、初中和大学的同学,1935年毕业于清华大学数学系,1961年为台湾新竹的清华大学创办数学系,后任新竹清华大学校长等职,对台湾地区的现代科技和高等教育作出了重要的贡献。由于两岸长期隔离,两人1943年分别后,直到1985年4月夏鼐访问美国时,才得以重新取得联系,并相约在纽约机场见面,老友重逢,百感交集。(照片采自台北出版的《传记文学》第49卷第4期,1986年。中研院史语所陈昭容女士提供。)

7.45
与夏承焘的交往

夏承焘（1900—1986）是当代杰出的词学家，字瞿禅，温州人，曾任中国科学院文学研究所兼任研究员、杭州大学中文系教授，晚年居住在北京朝阳门内大街，而夏鼐位于北京干面胡同的家与其相距不远，两人时有往来，谈天说地，甚为投机。

图为夏鼐保存的夏承焘书赠的条幅之一。此为两人游故宫观出土文物金缕玉衣后夏承焘所书。

"贵人痴计欲千年，金玉妆成闷九泉。
说与老农应冷齿，风林遗蜕万秋蝉。
1975年8月作铭兄导游慈宁宫看金缕玉衣，
奉小诗博笑　夏承焘"

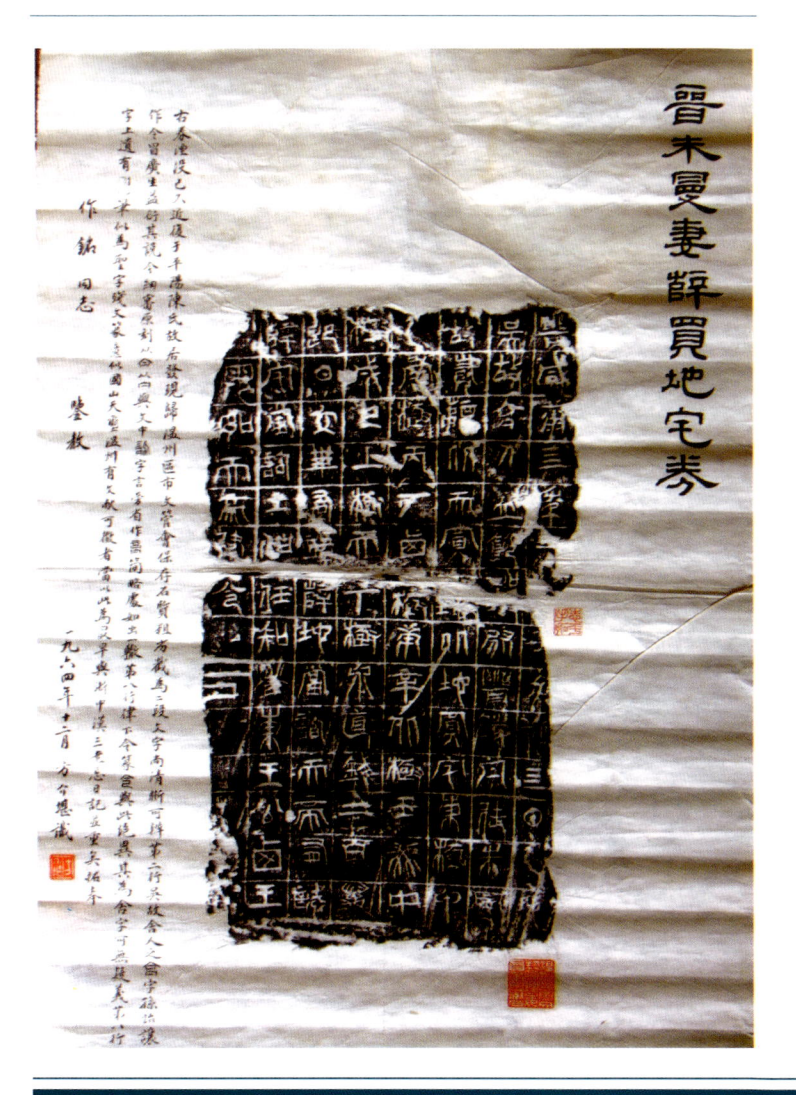

7.46
与篆刻大师方介堪的交往

方介堪(1901—1987)，著名篆刻家，温州人，曾任中国书法家协会名誉理事、西泠印社副社长，据称毕生治印两万余方。郭沫若评价其印章"炉火纯青"，堪称篆刻大师。夏鼐早年即与方介堪相识，并时有书信往还。1983年，方介堪82岁寿诞，夏鼐曾致寿联："多福多寿，年登大耋今犹健。善篆善书，艺冠群伦古所稀。"图为方介堪所赠文物拓片。该拓片为方介堪收集到的古代砖质买地券。据方介堪考证，券文结尾应有残缺的"国山天玺"官符字样，是证明温州县治存在的早期文献史料。原件方介堪已捐予温州博物馆收藏。

7.47
与温州籍同窗好友合影

1943年4月回乡探亲期间,夏鼐与同窗好友在温州中山公园叙旧时合影。前排左起:夏鼐、徐贤修;后排左起:赵恕、王祥第、杨学德、方恭敏、王小同、王良恭、陈德煊、吴秉经、蔡孔耀、刘昌镠、叶岑。

7.48
为母校八十周年校庆剪彩

1982年10月10日,温州中学(原浙江省立第十中学)八十周年校庆时,特邀夏鼐前往参加。离别故乡二十多年后,重返日夜思念的故土和度过少年时光的中学校园,作为知名校友夏鼐为校庆活动剪彩。

7.49
作为学长为母校同学题词

1982年10月10日,夏鼐在温州中学八十周年校庆之际以知名校友身份参加校庆活动。

7.50
与温州中学友人欢聚

1982年10月10日,温州中学八十年校庆时,与昔日的同窗及友人相聚。右起:王祥第,夏鼐,苏尔泰,另两位是当年的校工。

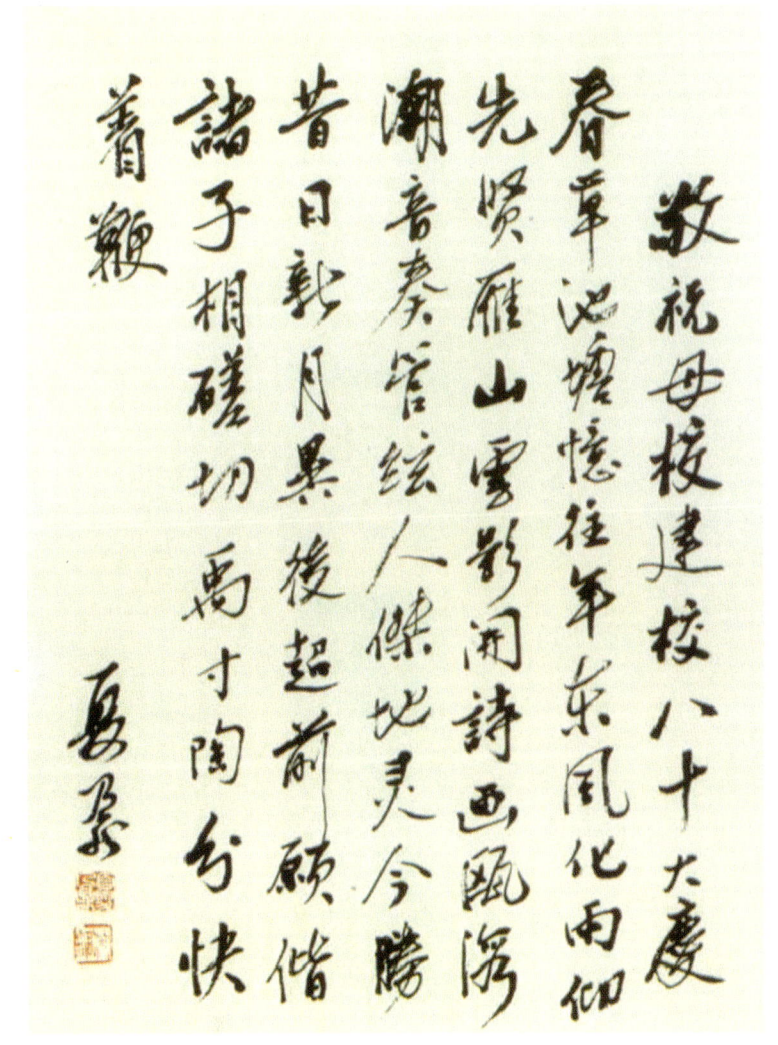

7.51
为温州中学八十周年校庆题词

1982年10月。
敬祝母校建校八十大庆
春草池塘忆往年,东风化雨仰先贤。
雁山云影开诗画,瓯海潮音奏管弦。
人杰地灵今胜昔,日新月异后超前。
愿偕诸子相蹉切,禹寸陶分快着鞭。
夏鼐

1

悼念与追思

纪念铜像

夏鼐文库

故居

纪念馆

诞辰一百周年

考古学家夏鼐·影像辑 八

献身事业 风范长存

- 设立优秀考古成果奖励基金
- 英国史前学会五十周年纪念会
- 美国全国科学院外籍院士
- 偃师商代城址
- 最后一次接待外国学者
- 最后一页日记

献身事业 风范长存

夏鼐于1982年被任命为中国社会科学院副院长兼考古研究所名誉所长。他仍然每天到考古所上班，依旧是那么样的忙碌。特别是1985年春节以后，活动颇多：3月主持召开中国考古学会第五次年会，只身前往伦敦参加英国史前学会五十周年纪念活动，4月前往华盛顿接受美国全国科学院授予外籍院士称号，5月主持召开《中国大百科全书·考古学》卷定稿会议。6月初，冒着初夏的炎热，去河南洛阳附近的偃师商城遗址，视察考古发掘现场。6月17日，上午在考古研究所里接待来访的日本客人，下午在家里继续审阅《大百科全书·考古学》卷的稿件。不幸的是，夏鼐在看稿件时突发脑溢血，经北京医院抢救无效，不幸于19日下午4时30分与世长辞，终年76岁。夏鼐坚持忘我的工作，最终倒在了他珍爱的工作岗位上，没有留下一句遗言。

夏鼐突然逝世的噩耗传出，在国内外学术界引起强烈的反响，全国近260个学术单位和学者个人，外国50多个重要学术团体和著名学者发来唁电。追悼会上，中共中央和国务院的主要领导人送了花圈，首都各界知名人士和群众代表上千人参加遗体告别仪式。

夏鼐逝世二十五年来，学术界以各种方式，纪念这位中国考古学界的一代大师。在夏鼐工作了三十五年的中国社会科学院考古研究所庭院，中学母校温州中学的校史馆前，先后建立了夏鼐的半身铜像。考古研究所编辑出版了三卷本《夏鼐文集》和一卷本《夏鼐集》。温州市有关方面大力宣传夏鼐的生平事迹，并视为家乡人民的骄傲和榜样，积极筹划"夏鼐故居"的整修开放。2010年初，在夏鼐诞辰百年之际，中国社会科学院举行了有数十位知名学者参加的纪念座谈会，深切缅怀夏鼐，对他为中国考古学的发展所作的重大贡献表示敬意，并且编辑出版了《夏鼐先生纪念文集》。用十年时间整理的《夏鼐日记》，编为十卷，共计约四百万字，不久也将与读者见面。

8.1
在考古学会第五次年会开幕式上讲话

夏鼐在1985年3月1日大会开幕式上,作了《考古工作者需要有献身精神》的讲话,旗帜鲜明地反对把考古当做"挖宝",反对任何人利用考古工作"赚钱"、"买卖和收藏古物",要求所有考古工作者"不怕吃苦","一心一意为了提高本学科的水平,而不计较个人的经济利益","在工作中找到乐趣,不羡慕别人能够得到舒服的享受,也不怕骂我们这种不怕吃苦的传统是旧思想,旧框框"。这是夏鼐最后一次对全国的考古工作者的殷切期望,而他本人正是身体力行,实践奉献精神的典范。

前排右起:夏鼐、马洪(中国社会科学院院长)、朱德熙(北京大学副校长)、刘大年(中国史学会会长)、王仲殊(考古学会秘书长)。

8.2
设立优秀考古成果奖励基金

1985年3月6日,夏鼐在中国考古学会的理事会会议上,宣布将自己节省下的3万元人民币,捐赠给中国社会科学院考古研究所,作为面向全国的考古学研究成果奖金的基金。《考古》杂志1985年第6期对此进行了报道。

———— （八）献身事业 风范长存 ————

8.3 ▶
参加英国史前学会五十周年纪念会留影

1985年3月，夏鼐只身赴伦敦参加英国史前学会五十周年纪念活动，并在会上作了《中国文明的起源》讲演。归国后，身体明显表现出疲惫，面貌也显消瘦。但这都未引起他的警觉，也没有适当降低自己的工作强度，依然马不停蹄地忙碌着。

8.4 ▶
接受美国全国科学院外籍院士证书

1985 年 4 月，夏鼐只身前往华盛顿，参加美国全国科学院 1984 年年会，并接受该院颁发的外籍院士证书。这是他最后一次的出访。
图为夏鼐（左）在美国全国科学院院士提名簿上签名，右侧为该院外事秘书。

175

8.5
在偃师商代城址指导工作

1985年6月7～10日夏鼐（左三）冒着初夏的炎热天气，奔赴洛阳附近的偃师商城遗址，视察5号宫殿基址的发掘工作，进行现场指导。

8.6
最后一次接待外国学者

1985年6月17日上午，夏鼐生平最后一次接待外国同行。左起：安志敏、坪井清足（日本考古学家）、王世民、夏鼐、杨泓、黄展岳、王仲殊等。

8.7 夏鼐日记

自 1931 年起，夏鼐开始不间断地写日记，一生留下数十册日记，除"文化大革命"期间有三年多时间的中断外，一直持续到突发脑溢血当天的上午（1985 年 6 月 17 日），时间跨五十余年。由于病魔突然夺去了他的生命，记录他一生经历的日记，也在这一天戛然而止。作为宝贵的学术史资料，现经整理，约计 400 万字即将出版。

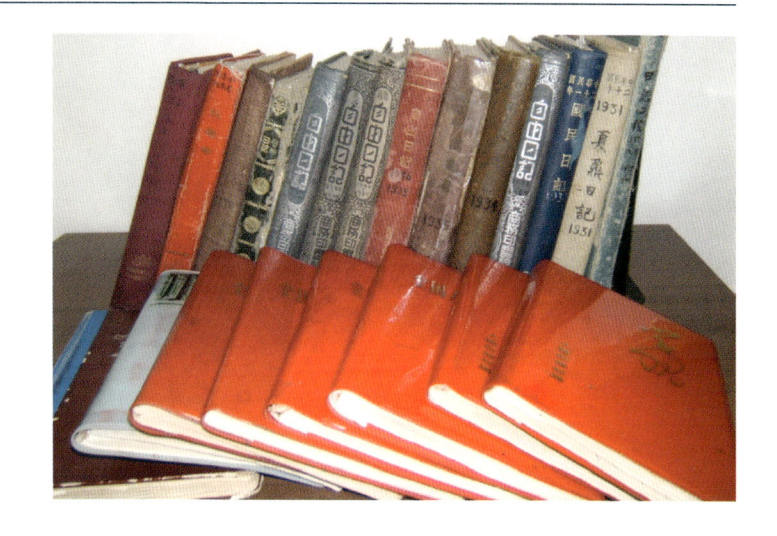

8.8

最后一页日记，突发脑溢血前，当天中午所记

8.9 逝世时办公桌实景

从 1950 年 8 月考古研究所成立之日开始，夏鼐就使用这张办公桌，桌上的台历显示的 1985 年 6 月 17 日，是他最后离开办公室的那个日子。桌面上堆满尚未处理完的信件和文稿。写字用的毛笔和砚台，都是最普通的。瓷茶杯的把手和杯盖不知何时已损坏，凑合上一个玻璃的盖子，一直继续使用。他没有饮茶的习惯，平时喝的都是白开水。

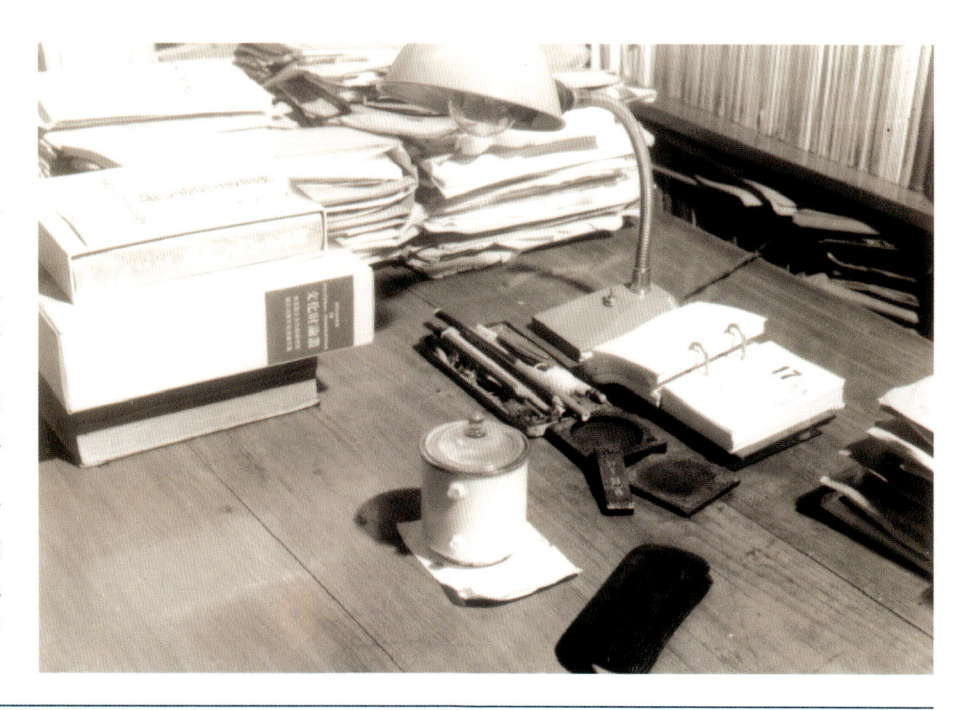

8.10 ▶
悼念与追思

1985年6月29日上午，夏鼐遗体告别仪式在北京医院礼堂举行。夏鼐的遗体被安放在灵堂中央的鲜花翠柏丛中，遗体上覆盖着中国共产党党旗。吊唁大厅四周摆满花圈。敬送花圈的有：胡耀邦、邓小平、赵紫阳、彭真、万里、习仲勋、王震、方毅、宋任穷、胡乔木、邓力群、张劲夫、周谷城、严济慈、胡愈之、钱昌照、周培源、费孝通等中共中央和国家领导人，以及全国人民代表大会常务委员会、国务院、中共中央组织部、中共中央宣传部、中华人民共和国文化部、中国科学院、中国社会科学院、北京市人民政府等单位。夏鼐的故乡浙江省和温州市党政机关也送了花圈。

从9时半开始，习仲勋、方毅、杨尚昆、宋任穷、胡乔木、邓力群、严济慈、钱昌照、费孝通、赵朴初等；以及各界知名人士和首都群众近千人前往吊唁。

8.11 ◀
习仲勋慰问夏鼐亲属。

在遗体告别仪式上，中共中央政治局委员，国务院副总理习仲勋（右二）代表中共中央和国务院向家属表示慰问。右一为宋一平，右三为夏鼐夫人李秀君。

(八) 献身事业 风范长存

8.12
胡乔木向夏鼐遗体告别

胡乔木（右二）时任中共中央政治局委员、中国社会科学院名誉院长。（右一为考古研究所所长王仲殊，左一为副所长王廷芳）。

8.13
夏鼐的灵车行进在长安街上

1985年6月29日，灵车从北京医院出发，经过天安门广场（灵车背后为北京饭店），驶向八宝山革命公墓。夏鼐的遗体火化后，骨灰盒被安放在八宝山革命公墓骨灰堂一室。

8.14 ▶

胡乔木在《人民日报》发表的悼念文章

中共中央政治局委员胡乔木1985年6月30日在中共中央机关报《人民日报》发表文章指出："考古学家夏鼐同志的突然逝世是我国和世界考古学界的重大损失，也是我们党和我国人民的重大损失。"

8.15 ▶

《光明日报》发表专访文章

夏鼐逝世后，《光明日报》特派两位资深记者进行采访，以《夏鼐的足迹》为栏目连续发表十篇专访文章。该报编者按指出："对夏鼐同志的事迹进行采访的结果表明，夏鼐同志的确是我国知识分子的优秀代表之一。他虽然已在六月十九日逝世。他的事迹、他的精神却在我国知识界留下了不可磨灭的影响。"

(八) 献身事业 风范长存

8.16
亲属在夏鼐办公室兼书房

夏鼐使用了三十多年的办公室兼书房，家具陈旧简单，一张办公桌和沙发靠椅，周边都是书柜和书架，摆满了中外书籍，上面几近房间的顶棚。五千余册图书，在夏鼐逝世后，由家属全部捐献给了他为之工作与服务了35年的中国社会科学院考古研究所。该所在图书室建立了"夏鼐文库"，他的所有藏书都编目陈列在那里，供人们学习借阅。

图为夏鼐亲属1989年初在他的办公室。

8.17
夏鼐纪念铜像（北京）揭幕仪式

1989年1月30日，夏鼐纪念铜像揭幕仪式在北京王府井大街中国社会科学院考古研究所原夏鼐办公室前的院落举行，首都历史考古学界的知名学者和有关人士一百多人前往参加。

图为铜像揭幕仪式结束后，夏鼐亲属与中国社会科学院负责人等合影留念。前排右起：苏峰洁（外孙媳）、夏素琴（长女）、丁伟志（中国社会科学院副院长）、赵复三（中国社会科学院副院长）、夏正楷（次子）；后排右起：夏正炎（三子）、印建钢（外孙）、夏正暄（长子）、夏晴（孙女）、朱浩（孙女婿）、印建正（外孙）。

181

8.18 ▶
夏鼐纪念铜像（温州）落成

1992年，温州中学九十年校庆，由在京的老校友捐建的夏鼐铜像落成。在落成揭幕仪式上，由温州市人大主任卢声亮（右）和北京校友代表缪天成（左）教授为铜像揭幕。

8.19 ◀
夏鼐故居市级文物保护单位的石刻标牌

2000年4月"夏鼐故居"被定为"温州市文物保护单位"，并在故居门口树立标志。待全面修缮后，将布置夏鼐的生平事迹展览，作为社会主义精神文明建设的教育基地，正式对外开放。

8.20 ▶
新建的夏鼐纪念铜像（温州）

温州中学于2005年迁至温州东部开发区新址。新校园内布置了十位杰出校友的铜像，其中夏鼐铜像安放在校史馆的正前方。校史馆馆名为夏鼐于1982年温州中学八十周年校庆前夕题写。

（八）献身事业 风范长存

8.21
夏氏祖居地新落成的夏鼐纪念馆

2006年，浙江温州瑞安市莘塍镇周田村的夏氏族亲集资修建"夏鼐纪念馆"，表达了家乡族人对夏鼐的景仰和怀念。

8.22
"夏鼐文库"

夏鼐逝世后，夫人李秀君暨子女遵照他的遗愿，将他毕生积累的五千余册中外文书刊捐赠给中国社会科学院考古研究所（其中以早年出版的埃及考古学等方面外文书及温州地方文献最为珍贵）。现已整理编目，作为特藏，开辟为"夏鼐文库"。

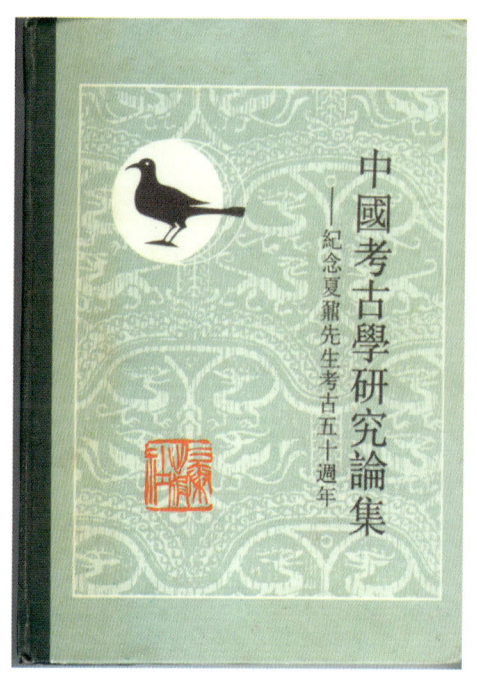

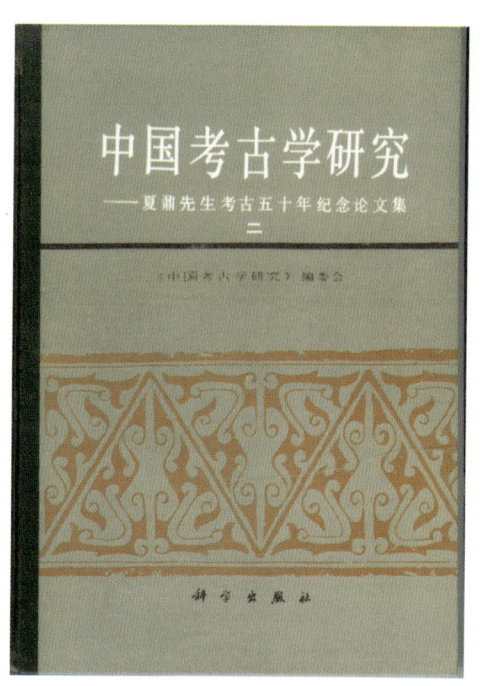

8.23
有关纪念文集

1985年初，为纪念夏鼐从事考古工作五十周年，中国社会科学院考古所和陕西省考古所编辑的纪念论文集（1986年出版）。

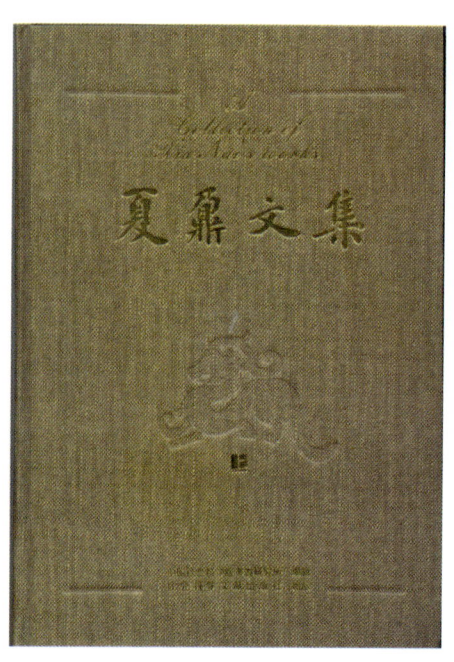

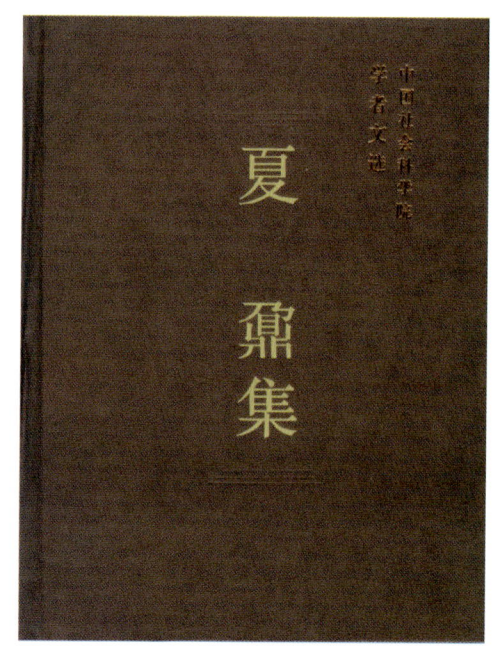

8.24
夏鼐著作集

夏鼐诞辰九十周年（2000年）出版的《夏鼐文集》（三卷本）及"中国社会科学院学者文选"中的《夏鼐集》（2008年）。

(八) 献身事业 风范长存

8.25
为纪念夏鼐诞辰一百周年，中国社会科学院考古研究所编辑的《夏鼐先生纪念文集》（科学出版社 2010 年 2 月）

8.26
移至考古所新建科研大楼前的夏鼐铜像（2010 年）

8.27
夏鼐先生诞辰一百周年纪念座谈会会场

2010 年 2 月，中国社会科学院在该院考古研究所举行纪念座谈会。
主宾席左四起：王巍（考古研究所所长）、夏正楷（家属代表）、王伟光（中国社会科学院副院长）、单霁翔（国家文物局局长），齐肇业（中共考古所党委书记）；右侧前排左起：谢辰生、罗哲文、张忠培、杨伯达、于坚、金维诺、黄景略，严文明。

夏鼐数十年的艰苦努力，为中国考古学的全面发展，

为建立和完善中国考古学的学科体系作出了不可磨灭的贡献。

夏鼐是中国知识分子的优秀代表之一。

夏鼐的光辉业绩和崇高荣誉，是中国学术界的光荣和骄傲。

让我们学习和发扬夏鼐的无私奉献精神，

更加努力地为中国考古学的进一步发展，为社会主义精神文明建设而奋斗！

夏鼐年表

1910 年
- 2 月 7 日生于浙江省温州府永嘉县 (今温州市)。

1914 年
- 在温州入私塾读书。

1919 年
- 在温州瓦市殿巷模范小学读书。

1920 ~ 1924 年
- 在温州浙江省立第十中学 (后改名为"浙江省立温州中学") 附属小学读书。

1924 ~ 1927 年
- 在温州浙江省立第十中学初中部读书。

1927 ~ 1930 年
- 在上海私立光华大学附属中学高中部读书。

1928 年
- 2 月与李秀君结婚。

1930 年
- 考入燕京大学社会学系。

1931 年
- 转入清华大学历史学系。师从陈寅恪、钱穆、雷海宗、蒋廷黻等教授。

1933 年
- 接替吴晗任《清华周刊》文史栏主任 (为时半年)。

1934 年
- 与吴晗、罗尔纲、梁方仲等 10 人合组清华大学史学研究会。
- 由清华大学历史学系毕业,获学士学位。
- 考取清华大学留美公费生的考古学部门,按校方规定,傅斯年、李济被指定为指导老师。

1935 年
- 春,以实习生身份在河南安阳殷墟参加中央研究院历史语言所梁思永主持进行的侯家庄西北岗殷代陵墓区的发掘,开始从事田野考古工作。
- 夏,经有关方面同意改去英国留学,先在伦敦大学科特奥德艺术学院注册。其间随惠勒 (M. Wheeler) 教授学习田野考古学,参加惠勒主持进行的梅登堡 (Maiden Castle) 山城遗址的发掘。

1936 年
- 转入伦敦大学学院攻读埃及考古学。师从伽丁纳尔 (A. H. Gardiner) 教授,学习古埃及象形文字。

1938 年
- 随同英国考察团,参加埃及阿尔曼特 (Armant) 的调查发掘、巴勒斯坦泰尔·丢维尔 (Tell Duweir) 的发掘,并参观当地的古代遗迹。
- 在格兰维尔 (S. Glanville) 教授的指导下,确定进行古埃及串珠研究的计划,开始广泛阅读有关埃及考古学论著。

1939 年
- 着手撰写长篇论文《古代埃及的串珠》,对古代埃及各种串珠进行系统的类型学研究,后获伦敦大学埃及考古学博士学位 (论文系回国后于 1943 年完成,1946 年 7 月补授博士学位)。
- 10 月,因欧战爆发,伦敦大学停课,离开英国,前往埃及。

1940 年
- 在开罗博物馆进行古埃及串珠的考古研究。
- 12 月离开埃及,取道巴勒斯坦、伊拉克、巴基斯坦、印度、缅甸返国。途经巴勒斯坦时,曾晋见定居在耶路撒冷的皮特里 (W.F.Petrie) 教授。

1941 年
- 1 月返回中国,先到昆明,再到重庆,3 月至四川南溪县李庄,任中央博物院筹备处专门设计委员。
- 与吴金鼎、曾昭燏、高去寻等在四川省彭山县豆芽房、寨子山发掘汉代崖墓。

1942 年
- 在《埃及古物研究年报》发表《关于贝克汉姆岩的几点评述》一文。

188

1943年
- 到中央研究院历史语言研究所考古组工作（李济为主任），任副研究员。
- 完成长篇论文《古代埃及的串珠》，并寄往伦敦大学。

1944年
- 在《美国考古学杂志》和《皇家亚洲学会孟加拉分会会志》分别发表《若干埃及出土的玻璃分层眼状料珠》、《几颗埃及出土的蚀花肉红石髓珠》。
- 中央研究院历史语言研究所、中央博物院筹备处、北京大学文科研究所等单位合组西北科学考察团，由向达和夏鼐负责在甘肃省境内进行考古工作。本年调查发掘了甘肃河西走廊尽头的敦煌佛爷庙的魏晋时期墓葬、老爷庙的唐代墓葬，及小方盘城的汉代玉门关遗址等。

1945年
- 继续在甘肃省境内进行考古工作，调查发掘了陇南地区的宁定县阳洼湾和临洮县寺洼山的史前墓葬，河西走廊的武威县喇嘛湾的唐代吐谷浑墓葬，以及腾格里沙漠边缘的民勤县沙井和兰州市附近的史前遗址。其中，阳洼湾齐家墓葬的发掘，第一次从地层学上确认仰韶文化的年代早于齐家文化，从而纠正安特生 (J. G. Anderson) 关于甘肃远古文化分期问题的讹误，为确立黄河流域新石器时代文化的年代序列打下了基础。

1946年
- 随中央研究院历史语言研究所从四川省李庄迁回南京工作。

1947年
- 2月，中央研究院历史语言研究所所长傅斯年去美国就医，受命代行所务（翌年8月止）。
- 10月17日，代表中央研究院历史语言研究所列席中央研究院评议会审查第一届院士候选人名单的会议，讨论至郭沫若的提名有明显争议。面对反对意见，夏鼐仗义执言，最终郭的提名获表决通过。

1948年
- 8月，晋升为中央研究院历史语言研究所研究员。
- 在《中国考古学报》和《历史语言研究所集刊》发表《齐家期墓葬的新发现及其年代的改订》、《新获之敦煌汉简》、《武威唐代吐谷浑慕容氏墓志》等文。
- 12月初，拒绝受命押运古物去台湾岛，脱离历史语言研究所，由南京返回故乡温州。

1949年
- 秋，应聘至浙江大学人类学系任教，讲授考古学和史前史。
- 10月中华人民共和国成立。
- 在《中国考古学报》发表《临洮寺洼山发掘记》，第一次详细论述寺洼文化的特点，并提出马家窑文化的命名。

1950年
- 5月，中国科学院筹备成立考古研究所。政务院总理周恩来根据院长郭沫若的提名，任命郑振铎为考古研究所所长，梁思永、夏鼐为副所长。
- 7月，夏鼐至中国科学院报到，并晋见郭沫若院长。
- 8月1日，中国科学院考古研究所成立。
- 10月，考古研究所派出以夏鼐为团长、郭宝钧为副团长、苏秉琦为秘书长的发掘团，前往河南省辉县进行建所后的第一次考古发掘。通过辉县发掘，第一次在安阳以外发现早于殷墟的商代遗迹，从地域上和年代上扩大对商文化的认识；又亲手成功地剔剥古代车马坑中的木车痕迹，显示了新中国田野考古工作的技术水平。

1951年
- 春，率领发掘团在河南省中部和西部地区进行调查发掘。进一步揭示渑池县仰韶村遗址既有仰韶文化遗存，又有龙山文化遗存。确认郑州市二里冈是一处早于安阳殷墟的重要商代遗址。
- 秋，率领发掘团在湖南省长沙市近郊，发掘战国和两汉墓葬，初步解决当地这一时期墓葬形制和随葬器物的分期问题，为楚文化研究提供了新的材料。

1952~1955年
- 为培养新国家急需的考古人才，中央文化部、中国科学院和北京大学从本年起联合举办了四届考古工作人员训练班，并共同创办北京大学考古专业。夏鼐参与考古训练班的组织领导，亲自担任田野考古方法课程的讲授任务；兼任北京大学教授，为考古专业讲授考古学通论。

1953年
- 在《科学通报》发表《中国考古学的现状》。

1955年
- 中国科学院成立哲学社会科学等学部，被任命为哲学社会科学部学部委员 (1957年任常务委员会委员)。
- 《考古通讯》创刊，任该刊主编。
- 中央政府文化部、中国科学院联合组成黄河水库考古工作队，兼任该队队长。
- 在《考古通讯》发表《放射性同位素在考古学上的应用》，介绍国外发明不久的碳十四测定年代方法情况。

1956年
- 1月，以特邀代表身份，参加中国人民政治协商会议二届二次全体会议。
- 2月21~27日，中国科学院、中华人民共和国文化部联合召开考古工作会议。在27日的闭幕式上，夏鼐从学术上对建国六年来考古工作的成绩和问题作了总结报告。
- 考古研究所成立西安研究室，兼任研究室主任。
- 任明长陵发掘委员会委员，指导考古研究所和北京市文化局合组的考古队对明十三陵中的定陵进行发掘。
- 参加翦伯赞为团长的中国学术代表团，出席在法国巴黎举行的第九届欧洲青年汉学家会议。途中在苏联莫斯科逗留，访问苏联科学院物质文化史研究所。
- 主编并参加执笔的《辉县发掘报告》，由科学出版社出版。这是中华人民共和国成立后出版的第一本大型考古报告。

1957年
- 为考古研究所见习员训练班讲授田野考古方法。
- 主编并参加执笔的《长沙发掘报告》由科学出版社出版。
- 在《考古学报》发表《中国最近发现的波斯萨珊朝银币》，开始根据国内各地发现的考古资料进行中西交通史的专门研究。

1958年
- 夏，明定陵的发掘工作在其领导下历时两年零两个月顺利结束。清理玄宫期间，强忍胃部病痛，终日深入地下，坚持工作达三四周之久。事后，病休五个多月。

1959年
- 3月7日，加入中国共产党。
- 4月，出席第二届全国人民代表大会（此后至1985年，先后当选为第二届至第六届全国人民代表大会代表）。
- 为长江流域规划办公室文物考古队队长会议作题为《长江流域考古问题》的报告。报告中正式提出良渚文化的命名。
- 任大型工具书《辞海》修订稿考古学分科主编，领导中国科学院考古研究所有关科研人员参与该项修订工作。
- 在《考古》杂志发表《关于考古学上文化的定名问题》等文。

1961年
- 集结截至1959年发表的重要论文为《考古学论文集》一书，由科学出版社出版。
- 中国科学院考古研究所集体撰写、经其主编的《新中国的考古收获》由文物出版社出版。

1962年
- 3月，被任命为中国科学院考古研究所所长。
- 在中共中央主办的理论刊物《红旗》杂志发表《新中国的考古学》，通过总结已有的考古研究成果，论述中国考古学的基本课题，提出中国新石器时代文化并非黄河流域一个中心的多元理论构想。

1963年
- 在中共中央机关报《人民日报》发表《解放后中国原始社会史的研究》，在《考古学报》发表《新疆新发现的古代丝织品——绮、锦和刺绣》。
- 12月，参加以张友渔为团长的中国学术代表团，前往日本访问，多次作学术讲演。

1964年
- 在《考古》杂志发表《我国近五年来的考古新收获》等文。
- 选编《中国原始社会史文集》，由历史教学社出版。
- 8月，参加以周培源为团长的中国科学代表团，出席1964年北京科学讨论会。

1965年
- 5月，与刘大年等前往拉瓦尔品第参加巴基斯坦历史学会第十五次年会，在会上作了题为《中巴友谊的历史》的报告。
- 中国科学院考古研究所碳十四实验室在其亲自筹划和指导下，经六七年的艰苦努力，终于建成。这是全国同类实验室中建成最早的一所。
- 在《考古学报》和《考古》杂志发表《洛阳西汉壁画中的星象图》、《西安唐墓出土的阿拉伯金币》等文。

1966年
- 遭受迫害，中止学术活动。

1968年
- 在身处逆境的情况下，依然关心河北省满城县汉墓出土文物的修复工作，向有关人员悄悄提出具体意见。

1970年
- 下放河南省息县"五七干校"劳动，在此期间考察了当地发现的古代文化遗存。

1971年
- 主持并参加《中国历史地图集》一书原始社会遗址分布图的编绘工作。
- 与王仲殊主持完成为阿尔巴尼亚修复世界闻名的《培拉特古写本福音书》的任务。
- 与王仲殊、安志敏筹备恢复《考古学报》和《考古》两种刊物。又参与筹划和领导中国出土文物的出国展览工作。

1972年
- 与王仲殊代表中国科学院前往阿尔巴尼亚，参加国立地拉那大学召开的第一次伊利里亚人研究会议，并在会上致贺词。

- 参加在湖南省长沙市召开的马王堆一号汉墓女性古尸解剖工作会议，与各方面专家共商解剖方案，报国务院总理周恩来批准后施行。
- 在《考古》杂志发表《我国古代蚕、桑、丝、绸的历史》、《长沙马王堆一号汉墓的棺椁制度》、《晋周处墓出土的金属带饰的重新鉴定》、《柬埔寨著名的历史遗产——吴哥古迹》、《秘鲁古代文化》等文。

1973 年

- 亲往湖南省长沙市对马王堆二、三号汉墓的发掘工作进行现场指导。《长沙马王堆一号汉墓》(发掘报告)在其具体指导下写成并经详细审定后，由文物出版社出版。
- 与王冶秋共同率领中国出土文物展览代表团赴英国访问。又与王仲殊等去秘鲁、墨西哥访问。
- 在《考古》1973 年第 5 期发表文章指出，河北省藁城县台西遗址出土的铁刃铜钺，根据已做过的化学分析和金相学考察，"还不能确定其系古代冶炼的熟铁"。后经柯俊教授主持进行详细检验，完全证实了夏鼐的论断，从而否定中国早在商代已进入铁器时代的错误推论。

1974 年

- 7 月，被英国学术院推选为通讯院士。
- 对北京市大葆台汉墓的发掘工作进行现场指导。
- 在《考古学报》和《考古》杂志发表《综述中国出土的波斯萨珊朝银币》、《沈括和考古学》、《我国出土的蚀花的肉红石髓珠》等文。

1975 年

- 9 月，参加国家文物局在河北省承德市召开的北方考古工作座谈会。
- 12 月，参加中国科学院在天津市召开的中国天文学史会议。

1976 年

- 前往河北省武安县磁山遗址发掘工地进行现场指导。
- 在《考古学报》发表《从宣化辽墓的星图论二十八宿和黄道十二宫》。

1977 年

- 5 月，中国科学院哲学社会科学学部经批准，改名中国社会科学院，考古研究所随之改变隶属关系。
- 10 月，率领中国考古代表团一行 4 人参加伊朗全国考古中心在德黑兰召开的考古学年会，并在伊朗各地参观访问。
- 11 月，参加国家文物局在河南省登封县召开的王城岗遗址发掘现场会，作了题为《谈谈探讨夏文化的几个问题》的报告，进一步推进探索夏文化的工作。
- 在《考古》杂志发表《碳十四测定年代和中国史前考古学》，对中国史前考古学的研究提出重要的指导性意见，更加明确地提出中国新石器文化的发展并非黄河流域一个中心的多元说。又发表《考古学和科技史——最近我国有关科技史的考古新发现》等文。

1978 年

- 4 月，率领中国考古代表团访问希腊，参观弗吉纳新近发现的马其顿皇陵。
- 9 月，与许涤新、钱锺书等组成中国学术代表团，出席在意大利奥蒂赛举行的欧洲研究中国协会第二十六次会议，在会上作了题为《近年来中国考古新发现》的报告。
- 任郭沫若著作编辑出版委员会委员，主持《郭沫若全集·考古编》的编辑工作。
- 关心湖北省随县曾侯墓的发掘，嘱湖北省博物馆研究人员注意清理墓内随葬的皮甲胄，后同意将其运到中国社会科学院考古研究所进行复原工作。

1979 年

- 4 月，中国考古学会成立大会在西安举行，会上作了题为《我国考古工作的巨大成就和今后努力的方向》的报告，当选为第一届理事会理事长。会议期间，去秦始皇陵兵马俑坑发掘工地视察，提出指导性意见。
- 5 月，与中国社会科学院副院长周扬率领中国学术代表团一行 12 人，应京都日中学术交流恳谈会的邀请，前往日本访问。
- 12 月，出席联合国教科文组织在泰国曼谷召开的起草亚洲历史名城研究计划专家会议。
- 在《考古》杂志发表《五四运动和中国近代考古学的兴起》、《三十年来的中国考古学》等文。
- 集结历年来根据考古新资料、运用考古学方法研究中国科技史问题的论文，以《考古学和科技史》为书名，由科学出版社出版。

1980 年

- 4 月，重建中国史学会的代表大会在北京举行，会上当选为第二届理事会常务理事(1983 年 4 月选举产生的第三届理事会连任)。
- 4 月，与中国社会科学院副院长宦乡率领中国社会科学院代表团去英国访问。
- 5 月，率领中国考古代表团一行 4 人前往美国，参加由纽约大都会艺术博物馆和美国学术协会中国文化研究委员会共同举办的中国青铜器国际讨论会。又前往加利福尼亚州立大学伯克利分校参加由该校举办的中国青铜器和铭文学术讨论会。
- 8 月，率领中国历史学家代表团一行 13 人，参加在罗马尼亚布加勒斯特举行的第十五届国际历史科学大会。
- 10月，应瑞典哥德堡大学的邀请，作为1980年"菲力克斯·纽伯格讲座"的讲演人在该校公开讲演，并接受"纽伯格奖"。
- 12月，被任命为国务院学位委员会委员。

1981年

- 3月，《中国大百科全书·考古学》分编委会，经两年多的筹备，在北京正式成立，被聘为分编委会主任。
- 3～4月，应邀去美国讲学。在堪萨斯州立大学，作为1981年"穆菲讲座"的讲演人在该校公开讲演，并主持研究生讨论班。又在美国亚洲协会（纽约中心和华盛顿分会）、哈佛大学、加利福尼亚州立大学（洛杉矶分校和伯克利分校）、斯坦福大学等处，多次公开讲演。
- 10月，参加在北京举行的中国早期冶金史国际会议。会上，作了题为《湖北铜绿山古铜矿》的报告。
- 11月，联合国教科文组织在法国巴黎召开《人类科学文化史》国际委员会史前组编写会议，应邀以该组成员身份出席会议。
- 中国古陶瓷研究会、中国古外销瓷研究会和中国古代铜鼓研究会成立，被推选为各会名誉理事长。前此又被推选为世界古代史研究会名誉会长。
- 中国文物出版社、日本平凡社合作出版大型资料丛刊《中国石窟》，任编委会中方编委。
- 历数年完成的《真腊风土记校注》由中华书局出版。

1982年

- 参与《中华人民共和国文物保护法》的起草，积极向有关方面提出建议和意见，使之制定得更加完善（本年11月第五届全国人民代表大会常务委员会第二十五次会议通过）。
- 3月，被任命为国务院古籍整理出版规划小组成员。
- 4月，专程去湖北省江陵县察看马山砖厂一号墓出土的大批战国丝织品。
- 6月，被任命为中国社会科学院副院长兼考古研究所名誉所长。
- 9月，与胡厚宣、张政烺等10位学者前往美国，参加在夏威夷举行的中国商文化国际讨论会，作了题为《商代玉器的分类、定名和用途》的报告。
- 12月，被德意志考古研究院推选为通讯院士。
- 任中华人民共和国国家地图集历史地图集编纂委员会委员（1983年8月起任副主任委员）。

1983年

- 2月，中华人民共和国文化部聘请16位专家组成国家文物委员会，以加强对文物保护工作的指导、计划和检查，提供咨询意见。被任命为该会主任委员。
- 3月，应日本广播协会（NHK）的邀请，在东京、福冈、大阪三地作公开讲演，通过电视向日本全国广播。讲演稿的译文，以《中国文明的起源》为书名，当年在日本出版。从而将中国文明的起源这一至关重要的课题，提到全国考古研究工作的面前。
- 5月，中国考古学会第四次年会在郑州举行，会上作了关于夏文化探索等问题的讲话，当选为第二届理事会理事长。
- 6～7月，应德意志考古研究院院长布赫纳（E.Buchner）的邀请前往联邦德国访问，在该院作了关于汉唐丝织品的报告，又应瑞士伯尔尼大学史前考古学教授邦迪（S. G. Bandi）的邀请去瑞士访问，在该校作了"关于中国考古新发现"的报告。
- 8月，中国考古学会、中国社会科学院考古研究所和联合国教科文组织联合举办的亚洲地区（中国）考古讨论会在北京和西安举行。在开幕式上被推选为讨论会主席，又作了关于中国考古工作概况的报告。
- 9月，去广东省广州市象岗山西汉南越王墓发掘工地，进行现场指导。
- 12月，被瑞典皇家文学历史考古科学院授予外籍院士荣誉称号。
- 12月，第二届国际中国科技史研讨会在香港举行，以中国代表团顾问的身份与团长席泽宗等一行16人前往出席。在开幕式上，作了题为《中国科技史和中国考古学》的报告（翌年在《考古》杂志发表）。
- 中国社会科学院考古研究所在其筹划和指导下编纂的《殷周金文集成》开始交付出版。第一册卷首有其所写长篇前言。

1984年

- 3月，出席国家文物局在四川省成都市召开的1983年考古发掘工作汇报会，作了关于注意提高考古发掘质量的讲话。
- 应邀担任联合国教科文组织《人类科学文化史》国际委员会第一卷编委和第二卷副主编。4月，前往法国巴黎出席第一卷正、副主编会议。9月，再次前往法国巴黎出席第二卷正、副主编会议。
- 5月，被美国全国科学院推选为外籍院士。
- 8月，第三届国际中国科技史研讨会在北京举行，以中国代表团顾问身份参加会议。
- 10月，被第三世界科学院授予院士称号。
- 10月，参加在河南省安阳市举行的全国商史学术讨论会，并在开幕式上讲话。
- 11月，视察北京市琉璃河考古发掘工地，进行现场指导。
- 12月，参加在北京市举行的北京猿人第一个完整的头盖骨发现50周年纪念会，并在会上讲话。
- 由其主编的《新中国的考古发现和研究》一书，由文物出版社出版。

- 《汉代的玉器和丝绸》(1981年在美国讲学的部分英文译稿)一书，在美国出版。

1985年

- 1月，被意大利近东远东研究院授予通讯院士称号。
- 3月，中国考古学会第五次年会在北京举行。在开幕式上作了题为《考古工作者需要有献身精神》的讲话。又在理事会上宣布，将多年积蓄的3万元人民币捐赠给中国社会科学院考古研究所，作为面向全国的考古学研究成果奖金的基金(夏鼐逝世后，定名为"夏鼐考古学研究成果奖")。
- 5月，在北京主持召开《中国大百科全书·考古学》分编委会扩大会议，进行考古学卷的定稿工作。《中国大百科全书·考古学》卷，集中体现了此前中国考古研究的巨大成就。在该书的编写过程中，他本人除具体确立全书的框架结构和审定大量稿件外，还与王仲殊合作撰写了卷首的特长词条"考古学"。
- 6月6～10日，与王仲殊等前往河南省洛阳市，对中国社会科学院考古研究所偃师商城等发掘工地进行现场指导。这是他最后一次在考古现场出现。
- 6月17日下午，正在继续审阅《中国大百科全书·考古学》有关稿件时，因发生脑溢血，突然病倒。经多方抢救无效，于6月19日下午4时30分在北京医院逝世,终年76岁。他为中国考古学的全面发展，孜孜不倦地奋斗了整整50年，直到生命的最后一息。

编后记

二零一零年是中国考古学界的一代大师夏鼐先生诞辰一百周年，也是他离开我们二十五周年。岁月流逝，而我们对先生的怀念依旧。

先生出生于清朝覆灭前夕，成长于民国动荡的岁月，求学于外侮内乱的年代；中年适逢中华人民共和国建立，遂积极投身于火热的新国家的建设中，为全面发展的考古事业鞠躬尽瘁，贡献了自己的全部才华和学识。夏鼐先生走过二十世纪的七十多个年头，漫漫历程，作为这个时期一代中国知识分子的优秀代表之一，他的业绩已被载入共和国的光荣史册。

为了纪念尊敬的夏鼐先生，我们在中国社会科学院考古研究所的支持和温州市文化局的赞助下，根据夏鼐本人生前自存的部分旧照片和有关资料，编撰出版了这本影集。影集力求从他个人的童年、少年、求学、留学、投身考古事业的经历，旧政权及新中国的几个阶段，全面、准确地反映先生七十五年平凡而又与众不同的一生，以及对中国考古学学术发展的贡献，展现先生在不同年代的风采。

影集的编撰工作由编辑组负责，其中特邀中国社会科学院考古研究所王世民研究员，就全书的架构提出整体设想，并从学术上协助把关；夏鼐先生的子女夏素琴、夏正暄、夏正楷、夏正炎共同参与，推举小弟夏正炎具体负责照片的遴选、编排及文字说明的撰写。中国社会科学院李四龙先生，参与了照片的遴选和文字说明的加工，以及本书书名与各章标题的确定。经反复琢磨与修改，影像辑最终得以定稿。当影集的稿样出现在我们的面前，当我们凝视着封面上先生那深邃的目光，凝重的表情，以及影集中一幅幅精美、难忘的照片中先生的身影，心情格外激动。本影集的圆满出版，圆了我们的一个心愿。但由于水平及时间有限，年代久远，许多珍贵照片历经种种劫难遭受损失，以及当年摄影条件的限制，没有留下更多的历史影像，这些都使我们感到深深的遗憾。影集只是粗略地勾勒了先生一生的轮廓及学术贡献，更深刻地表述先生一生的心路历程及学术道德，将寄希望于未来的研究成果。

影集在编撰过程中得到中国社会科学院考古研究所现任所长王巍先生和浙江省温州市文化局副局长崔卫胜先生、温州市博物馆馆长金柏东先生的大力支持和帮助。中国社会科学院考古研究所资料信息中心朱乃诚主任和季连琪先生在复制考古报告与照片等方面给予帮助。又承台北中研院历史语言研究所所长王汎森先生提供若干宝贵的档案资料。凡此，谨致深切的谢意。

另外，本影集中采用的部分照片，出自专业通讯社的稿件及考古发掘报告的内容，未能一一标注作者姓名，谨在此说明，并向他们表示感谢。

《考古学家夏鼐·影像辑》编辑组

2010年5月14日